ARQUITECTONICS
MIND, LAND & SOCIETY

Institutions that support the magazine
Instituciones que dan apoyo a la revista (Co-editors):

Universitat Politècnica de Catalunya.
Grup de Recerca GIRAS. UPC.
Universidad de los Andes.
Mérida, Venezuela
Universidad Nacional del Litoral. *Santa Fe. Argentina*
Universidad de Santo Tomás *Bucaramanga. Colombia*
Universidad Politécnica de Puerto Rico. *Puerto Rico*
Corporación HEKA. *Ecuador*
Colegio Nacional de Arquitectos del Ecuador. *Quito. Ecuador*

Assistants to the Editor:
Asistentes al editor:
Helle Birk
Higini Herrero
Rafael Reyes

Mail and subscriptions
Correo y suscripciones

ARQUITECTONICS
Mind, Land & Society
Departament de Projectes d'Arquitectura.
Universitat Politècnica de Catalunya
Av. Diagonal, 649, 5a planta
08028 Barcelona / Spain
Tel.: (0034) 934 016 406
Fax.: 934 016 396
newsletter.pa@upc.edu
www.arquitectonics.com
www.agapea.com

Cover photo and design:
Fotografía y dibujo de cubierta:
Josep Muntañola

Edition:
Edición:
Edicions UPC
Jordi Girona Salgado, 1-3, Edifici Omega
08034 Barcelona
Tel.: 934 137 540
Fax: 934 137 541
Edicions Virtuals: www.edicionsupc.es
E-mail: edicions-upc@upc.es
ISSN: 1579-4431
ISBN: 978-84-8301-944-3
Depósito legal: B-13523-2008
Producción: LIGHTNING SOURCE

© 2008, **ARQUITECTONICS** y los autores de los textos
© 2008, EDICIONS UPC

Primera edición: febrero de 2008
Reimpresión: octubre de 2009

Head of the Series:
Director de la serie:
Josep Muntañola. *Barcelona*

Editor for this Issue:
Editor de este número:
Josep Muntañola. *Barcelona*

Associate Editors of the Series:
Editores asociados de la serie:
Magda Saura. *Barcelona*
Alfred Linares. *Barcelona*

Associate Co-Editors:
Coeditores adjuntos:
Beatriz Ramírez. *Universidad de los Andes. Mérida. Venezuela*
Marcelo Zárate. *Universidad Nacional del Litoral. Santa Fe. Argentina*
Ruth Marcela Díaz, Samuel Jaimes Botía. *Universidad Santo Tomás, Bucaramanga. Colombia*
Nadya K. Nenadich. *Universidad Politécnica de Puerto Rico. Puerto Rico*

Board of Advisory Editors (Scientific Committee):
(Comité Científico)
Botta, Mario; *Architect, Switzerland*
Boudon, Pierre; *Architect, Canada*
Bilbeny, Norbert; *Philosopher, Spain*
Carbonell, Eudald; *Archaeologist, Spain*
Fernández Alba, Antonio; *Architect, Spain*
Ferrater, Carlos; *Architect, Spain*
Gómez Pin, Víctor; *Philosopher, Spain*
Heikkinen, Mikko; *Architect, Finland*
Kalogirou, Nikolaos; *Architect, Greece*
Langer, Jonas; *Psychologist, USA*
Levy, Albert; *Architect, France*
Lagopoulos, Alexandros; *Urban Planner, Greece*
Mack, Mark; *Architect, USA*
Messori, Rita; *Philosopher, Italy*
Moore, Gary T; *Architect, Australia*
Mul, Jos de; *Philosopher, The Netherlands*
Pallasmaa, Juhani; *Architect, Finland*
Ponzio, Augusto; *Philosopher, Italy*
Preziosi, Donald; *Anthropologist and Linguist, USA/UK*
Provensal, Danielle; *Anthropologist, Spain*
Rapoport, Amos; *Architect, USA*
Rewers, Eva; *Philosopher, Poland*
Romañà, Teresa; *Pedagogue, Spain*
Salmona, Rogelio; *Architect, Colombia*
Sanoff, Henry; *Architect, USA*
Scandurra, Enzo; *Urban Planner, Italy*
Solaguren, Félix; *Architect, Spain*
Tagliabue & Miralles, *Architects, Spain*
Valsiner, Jaan; *Psychologist, USA*
Werner, Frank; *Historian, Germany*

ARQUITECTONICS
MIND, LAND & SOCIETY

9 .... Introducción
Introduction

Editor/*Editor*

13 Josep Muntañola .... *Arquitectonics* (Mind, Land and Society):
A New Architecture for a Better Environment
Arquitectonics *(mente, territorio y sociedad):*
una nueva arquitectura para un mejor entorno

Perspectives and references/ *Perspectivas y referencias*

33 Amos Rapoport .... Mind, Land and Society Relationships
in an Environment-Behavior Perspective
Las relaciones entre la mente, el territorio y
la sociedad desde una perspectiva medioambiental

63 Eviatar Zerubavel .... Spatial Metaphors and Mental Patterns:
A Sociological Perspective
Metáforas espaciales y estructuras mentales:
Una perspectiva sociológica

Advanced Practices/*Prácticas avanzadas*

87 Rogelio Salmona .... La arquitectura desde el lugar
103 Mikko Heikkinen .... Between Art and Architecture
109 Juda Leiviskä .... Sobre arquitectura

Title and institution of the authors
Título e institución de los autores

Josep Muntañola
Architect, Polytechnical University of Catalonia. Universitat Politècnica de Catalunya

Amos Rapoport
Architect, University of Wisconsin-Milwaukee

Eviatar Zerubavel
Sociologist, Rutgers University

Rogelio Salmona
Architect, Colombia

Miko Heikkinen
Architect, Finland

Juda Leiviskä
Architect, Finland

Introducción

Inauguramos una nueva serie "azul" en *Arquitectonics* titulada *Teorías y prácticas avanzadas*, en la investigación sobre arquitectura y urbanismo, con un volumen introductorio al tema de las relaciones entre *mente, sociedad y territorio*. Ello ha sido posible gracias a una red de coedición entre diversas universidades y a un nuevo comité científico internacional de altísimo nivel.

Este número incluye conferencias realizadas en el congreso internacional sobre *Arquitectonics* llevado a cabo en Barcelona en el año 2004, y resume además tres conferencias de arquitectos en este mismo congreso con una "buena" práctica, manteniendo los textos en su versión "hablada", como si fuera un nivel "práctico" más, aunque ello conlleve un cierto desorden en los escritos. *

Introduction

We start a new "blue" series in Arquitectonics, *titled* Advanced Theories and Practices, *dedicated to the research on architecture and urban planning, with an introductory volume to the subject of the relations between* mind, land and society. *This has been possible thanks to the web of co-edition between different universities and to a new international scientific committee of very high level.*

This issue includes lectures presented at the International Congress on Arquitectonics, which took place in Barcelona in 2004, and summarizes moreover three lectures of architects in this same Congress, with "good" practice. We maintain the papers' "spoken" version, as if it were another "practical" level, even though this implies a certain disorder in the texts.

---

* Justo antes de ir a la imprenta, nos llega la noticia de la muerte del arquitecto Rogelio Salmona. Valga la conferencia aquí publicada, de enorme carga personal, como homenaje a este gran arquitecto que siempre estará en nuestra memoria.

Editor

Arquitectonics (Mind, Land and Society):
A New Architecture for a Better Environment

JOSEP MUNTAÑOLA THORNBERG
jose.muntanola@upc.edu

Why about the need for a Review About Research on Architecture?

In the last twenty years, the scientific knowledge about the cognitive, social and ecological understanding of human space has increased dramatically. Architecture has also changed in many ways, because of the new technological, aesthetic, global and political conditions of the world.

Now it is time for new interactions between architecture and all these scientific transformations. The professions in the world have international reviews on research, while architects, with a few exceptions, do not. Paradoxically enough, architects change the world, day by day, without the serious «calm research» (*La «Recherche Patiente»*) that Le Corbusier claimed fifty years ago... when he insisted upon the necessary equilibrium and interaction between theory and practice in the professional work of architects.

Today, a lot of voices insist upon the need for urgent basic research if architects do not want to disappear from universities and from responsible design decisions, becoming more and more removed from serious cultural considerations about aesthetic quality and better human conditions. So, these are the reasons for this new International Review.

queremos desaparecer de las universidades y alejarnos de las decisiones responsables sobre los proyectos, suprimiendo, cada vez más, las serias consideraciones culturales sobre la cualidad estética y las mejores condiciones humanas de los edificios. Así pues, éstas son las Razones Que justifican esta nueva Revista Internacional.

Las bases profundas de *Arquitectonics*

En la figura 1 las tres dimensiones de la revista Arquitectonics *están relacionadas con las tres dimensiones básicas de la arquitectura: el diseñar, el construir y el habitar. Desde Vitrubio hasta Heidegger esta estructura tridimensional ha sobrevivido como núcleo teórico y práctico de la arquitectura.*

Nuestro objetivo es desarrollar una nueva manera de hacer investigación sobre la arquitectura basada en nuestros orígenes aristotélicos, cuando se consideró al arquitecto como el mejor paradigma de la ética[1] porque, junto con el educador y el legislador, habría de ser capaz de prever el mejor futuro para los seres humanos (ver figura 2). Y estas bases están, hoy, ampliadas por los importantísimos desarrollos de la investigación sobre «la nueva ciencia emergente de la mente» como lo indica el premio Nobel Eric Kandel en su última autobiografía científica,[2] donde muestra claramente las relaciones científicas entre mente, territorio y sociedad.

Cuando Peter Eisenman escribió en 1965 su tesis sobre La lengua formal de la arquitectura, *publicada cuarenta y tres años más tarde,[3] afirmó la falta de teorías para investigar sobre la arquitectura. Hoy esta misma publicación tardía y los pocos desarrollos nuevos sobre dichas teorías nos obligan a sostener esta afirmación, a pesar de los cientos de tesis*

The Deep Foundations of «Arquitectonics»

In Figure 1 the three dimensions of the review *Arquitectonics* are linked to the three basic dimensions of architecture: design, building and dwelling. From Vitruvius until Heidegger this threefold structure has survived as a theoretical and practical kernel of architecture.

Our aim is to develop a new way of research on architecture based on our Aristotelian origins when the architect was considered the best paradigm of ethics[1] because, together with the educator and the legislator, he should be able to forecast the best future for the human beings (see Figure 2). These foundations are, today, enlarged by the enormous research developments of the «emergent new science of the mind» as Nobel Prize winner Eric Kandel points out in his last scientific autobiography,[2] where the scientific relations between mind, land and society are clearly shown.

When Peter Eisenman wrote in 1965 his dissertation about *The Formal Language of Architecture*, published forty-three years later,[3] he claimed a lack of theories and research on architecture. Today this same late publication and the scarcity of new theoretical developments demand to maintain this claim, in spite of hundreds of PhD dissertations that remain out of the professional work of architects.

As Professor Pierre Pellegrino has shown in his five-volume book *The Sense of Space*,[4] the possibilities of an «emergent new science of architecture» are enormous and promising. The semiotic, hermeneutic, dialogic or topogenetic[5] paradigms of architecture can enlarge our knowledge of architecture and renew our design capabilities. We architects can neither eliminate our relationships to new artistic developments, new scientific theories, etc., nor can we remain forever attached to psychological perceptual «gestalt» theories of form, worked out at the beginning of the last century, but today clearly surpassed by new scientific powerful cognitive approaches to the understanding of

doctorales que quedan fuera del trabajo profesional de los arquitectos.

Como ha mostrado el profesor Pellegrino en su libro de cinco volúmenes El sentido del espacio,[4] *las posibilidades de una «nueva ciencia emergente de la arquitectura» son enormes y prometedoras. Los paradigmas semióticos, hermenéuticos, dialógicos o topogenéticos*[5] *de la arquitectura pueden ampliar nuestro conocimiento y renovar nuestras capacidades de diseño. Los arquitectos no podemos eliminar nuestras relaciones con los nuevos desarrollos artísticos, las nuevas teorías científicas, etc., ni podemos permanecer para siempre atados a las teorías psicológicas de la gestalt, de la forma, elaboradas al comienzo del siglo pasado, pero hoy sobrepasadas por nuevos poderosos enfoques científicos cognitivos sobre el entendimiento de las relaciones del entorno humano.*[6] *El entendimiento de la arquitectura es uno de los «trasfondos» sociales e individuales más poderosos en nuestras sociedades contemporáneas, usando el concepto definido por John Searle en su libro* La construcción social de la realidad,[7] *donde discute sobre la necesidad de un conocimiento implícito importante como base para la «construcción» de un entendimiento social de la vida. Este conocimiento implícito es el «trasfondo» tanto de nuestra mente, como de nuestro territorio (arquitectura) y de nuestra sociedad. Este «trasfondo» puede resultar agresivo con, o puede «cultivar» nuestras vidas. La investigación sobre la arquitectura habría de analizar si es la primera o la última fuerza la que gana hoy.*

El diseño medioambiental y la arquitectura de hoy

En 1962 Lewis Mumford aprobó con entusiasmo el comienzo de Environmental Design College *en Berkeley,*

man-environment relationships.[6] The understanding of architecture is one of the strongest social and individual «backgrounds» in our contemporary societies, using the concept defined by John Searle in his book *The Social Construction of Reality,*[7] where he argues about the need for an implicit huge knowledge behind the «construction» of a social understanding of life. That implicit knowledge is the «background» both, of our mind, of our land (architecture) and of our society. This «background» can be aggressive with, or can «cultivate» our lives. Research on architecture should analyse if it is the former or the latter force that wins today.

Environmental Design and Architecture Today

In 1962 Lewis Mumford enthusiastically approved the beginning of the Environmental Design College of Berkeley, where old *beaux-arts* teachers, such as old Professor Wurster, and new young modern architects, such as Joseph Esherick, gathered to find a «new way of teaching architecture»,[8] based on environmental design perspectives where ecological and social considerations of architectural design practices were totally compatible with the modern bauhaus design traditions more alive in California at that time than in Europe. This enthusiasm decreased with the years[9] and now Berkeley is no longer the point of reference for architectural research and education, in spite of the permanent quality and energy of this important university filled with Nobel Prize winners and new research grants.

However, the ecological, social and environmental dimensions of architecture have grown exponentially ... (out of the schools of architecture, and the avant-garde formal principals of modern architectural education are still present in our schools of architecture –and schools in general–[10] but without content). This dramatic dissociation between form and content in environmental design has been the worst development in terms of research, since form and content cannot be detached

donde antiguos profesores del beaux-arts *como el viejo Profesor Wurster, y nuevos arquitectos jóvenes y modernos, como Joseph Esherick, se juntaron para encontrar una «nueva manera para enseñar arquitectura»,*[8] *basándose en las perspectivas del diseño medioambiental donde las consideraciones ecológicas y sociales de las prácticas del diseño arquitectónico eran absolutamente compatibles con las tradiciones del diseño moderno, más vivas en California en aquella época que en Europa. Este entusiasmo fue disminuyendo con los años*[9] *y ahora Berkeley ya no es la referencia para la investigación arquitectónica y la educación, a pesar de la calidad permanente y la energía de esta importante universidad llena de premios Nobel y de becas de investigación.*

Sin embargo, las dimensiones ecológicas, sociales y medioambientales de la arquitectura han crecido exponencialmente... y los principios formales de las avant-gardes *de la educación arquitectónica moderna aún están presentes en nuestras escuelas de arquitectura (y en las escuelas en general),*[10] *pero sin contenido. Esta dramática disociación entre forma y contenido en el diseño medioambiental ha sido el peor desarrollo en términos de investigación, porque no se puede separar forma y contenido en la investigación arquitectónica sin la disolución del campo, tal como fue definido, claramente, hace dos mil años, por el mismo Vitrubio.*[11]

Harvard y Columbia en EE UU son ahora las escuelas más famosas por su diseño prestigioso y «moderno», signifique lo que signifique hoy. Sin embargo, se ha hecho poca cosa para llenar el hueco entre «forma y contenido» en la investigación arquitectónica, y esto será uno de los objetivos de la Revista Internacional Arquitectonics.

in architectural research without dissolution of the field, as was defined, as clearly as black and white, two thousand years ago, by Vitruvius himself.[11]

Harvard and Columbia in the USA are now the most known schools for prestigious and «modern» design, whatever that means today. However, little has be done to fill the gap between «form and content» in architectural research, so this should be one of the main objectives of this *Arquitectonics Review*.

This word *arquitectonics* (or *architectonics*) was needed as soon as the seminal works by Mikhail Bakhtin appeared. These works were written in the nineteen-twenties, but they were not translated into English, French, Spanish, etc.[12] until the nineteen-eighties, sixty years after. Bakhtin defines this basic word for himself in the following way:

«The object dealt with in aesthetics is, therefore, *the content of aesthetic activity directed toward the work of art*.

This content we shall call simply: the *aesthetic object*, in distinction to the external work itself, which admits other approaches, among these the sensory perception ordered by concepts, that is, the primary cognitive approach.

The first task of aesthetic analysis is *to understand the aesthetic object in its purely artistic distinctiveness* and to understand its *structure*, these two tasks we shall call them, from now on, the *architectonics* of the aesthetic object.»[13]

Architectonics as a Chronotopic Threefold Structure Among Mind, Land and Society

As an example of this *architectonics*, I will take the contemporary work of the architects Carlos Ferrater and the late Enric Miralles, both leading complex studios in Barcelona.[14]

Esta palabra, arquitectonics *(o archi-tectonics), se necesitaba tan pronto como aparecieron los trabajos seminales de Mijaíl Bajtín. Estos trabajos se escribieron en los años veinte del siglo pasado, pero no se tradujeron al inglés, al francés, o al español, etc.,[12] hasta sesenta años más tarde, en los años ochenta. El mismo Bajtín nos define esta palabra, básica para él, de la siguiente manera:*

"El objeto de estudio de la estética es, por lo tanto, el contenido de la actividad estética dirigida hacia la obra de arte.

Este contenido la llamaremos simplemente: el objeto estético, *para distinguirlo del trabajo exterior, que admite otras aproximaciones, entre ellas la percepción sensorial ordenada por conceptos. Esto es, la aproximación cognitiva.*

La primera tarea de análisis estético es comprender el objeto estético en su especificidad puramente artística y entender su estructura. *Estas dos tareas las llamaremos a partir de hoy la* arquitectónica *(architectonics) del objeto estético."[13]*

Arquitectonics como una estructura cronotópica tridimensional entre mente, territorio y sociedad

Como un ejemplo de esta Arquitectonics, escogeré el trabajo contemporáneo de algunos arquitectos como Carlos Ferrater y el recientemente desaparecido Enric Miralles.[14]

Las figuras 5 a 9 hacen referencia al largo paseo a orillas del mar en Benicarló diseñado por Carlos Ferrater,[15] las figuras 10-14 hacen referencia a un famoso proyecto temprano de Enric Miralles y Carme Pinós construido en 1985 y 1998 en Igualada.

Figures 5 to 9 refer to a long waterfront designed by Carles Ferrater in Benicarló,[15] figures 10-14 refer to a known early project by Enric Miralles and Carme Pinós built between 1985 and 1998 in Igualada.

Figure 3 defines the three chronotopic space and time structures of the whole «architectonic» paradigm, that is: first, the prefigurative structure of design, produced by the mind of the author, second, the refigurative action of use of the built environment by users, critics, experts, etc., and third, the configurative built structure of the environment as a link between design and use.

Relationships between these three chronotopic structures can also be analysed throughout scientific, aesthetic or ethical paradigms. If we analyse the cemetery by Miralles as a prefigurative interplay between geography and history, we can uncover a theatrical modern setting, where the author «enlarges» considerably the possibilities of a cemetery narrative,[16] as Paul Ricoeur has rightly pointed out as one of the more promising ways of modernity. The «arquitectonics» of these examples of architecture are rooted both in construction and in dwelling, the two basic pillars of design.[17] One dimension of the chronotopic structure of this work is the «itinerary» in «zig-zag» adapted to the topography and a chronotope between history and geography that has a Greek origin in the role of the «archè», or the chief of an expedition, responsible for telling the «story» once the expedition ended when it arrives in the native land again.[18] This chronotope has a lot of literary parallels, which I cannot define here.

However, another aspect of this chronotope is more striking: this trip where life and death are connected by the sleeping factors (cemetery means in Greek sleep-place), is full of dynamic tombs organized inside the hulls of sunken ships, leaning upside down in a way transformed into a river where the coffins floating accompanied the visitor in his path. Again the metaphor of the boat related to death is very old, but the way the authors connects this

La figura 3 define las tres estructuras cronotópicas del espacio-tiempo de todo el paradigma «arquitectónico», es decir: primero, la estructura prefigurativa del diseño, producida por la mente del autor, segundo, la acción refigurativa del uso del entorno construido por los usuarios, los críticos, los expertos, etc., y tercero, la estructura configurativa construida del entorno como conexión entre el diseño y el uso.

Las relaciones entre estas tres estructuras cronotópicas se pueden analizar también a través de los paradigmas científicos, estéticos o éticos. Si analizamos el cementerio de Miralles como una interacción prefigurativa entre la geografía y la historia, podemos descubrir un escenario teatral moderno, donde el autor «incrementa» considerablemente las posibilidades de una narrativa del cementerio,[16] que, como bien ha indicado Paul Ricoeur, es uno de los caminos prometedores de la modernidad. La «arquitectónica» de estos ejemplos tiene su raíz tanto en el construir como en el habitar, los dos pilares básicos del diseño.[17] Una de las dimensiones de la estructura cronotópica de este trabajo es el «itinerario» en «zig-zag» adaptado a la topografía y al cronotopo entre la historia y la geografía, que tiene un origen griego en el papel del archè, *o el jefe de una expedición, responsable de contar la «historia» una vez acabada la expedición, al llegar de nuevo al país nativo.[18] Este cronotopo tiene muchos paralelos literarios que aquí no puedo definir.*

Sin embargo, otro aspecto de este cronotopo es más llamativo: este viaje donde la vida y la muerte están conectadas por los factores durmientes (cementerio significa en griego lugar para dormir), está lleno de tumbas dinámicas organizadas dentro de los cascos de barcos hundidos, apoyados al revés en el paso transformado en un río

narrative throughout a dynamic construction of sunken ships in a river is new and imaginative.

The distinctive aesthetic chronotopic structure of this cemetery, that is his «architectonics», is linked forever to this construction visited now by thousands of architects each year. This chronotope breaks down the traditional way of laying out the tombs in a cemetery in different ways, but, I have tried to describe it by going back to the Greek, medieval and, even, pre-Greek or Egyptian, way of considering the relations between life and death. Physical and social space and time are linked in a new way in order to respond to new senses and sensibilities of our time. Traditional users had some problems with this new strange chronotopic expression of life and death, however time greatly changed that first impression. Now they uncover the poetic (aesthetic) deep values of the place. Besides, day by day incineration is fast replacing the traditional way of whole body burial. Architecture will change again and this cemetery has been a sign of this new time space cultural connection. Summing up; there is a new dynamic aspect of modern life, that is: the acceleration of the space and time sociophysical interconnections, both in the nomadic travel experiences and in the sedentary fixed conditions of place construction. Miralles and Pinós connect in a new chronotope both aspects of this acceleration, and perhaps the most difficult is the sedentary side: the ships sunken full of tombs ... A nice metaphor for our modern dreams, taking the elephants cemetery as a far natural reference, but there is a lot more there...

Could all these «chronotopic geometries» be made by computers? Some people feel they are, when they visit this cemetery. They are not, however ships and topographic architectural innovations with forms very similar to this project are now made with the computer. The apparent «familiarity» between natural, mechanical, symbolic and social forms will be one of the most intriguing and important research works of «architectonics». Bakhtin advises that this familiarity can never

donde las tumbas flotando acompañaban el visitante en su camino. De nuevo la metáfora del barco relacionada con la muerte es muy antigua, pero el modo en el que los autores articulan esta narrativa en la construcción dinámica de barcos hundidos en un río es nueva y imaginativa.

La estructura estética cronotópica distintiva de este cementerio, es decir, su «arquitectónica», está siempre vinculada con esta construcción, visitada cada año por miles de arquitectos. Este cronotopo rompe con el modo tradicional de distribuir las tumbas en un cementerio de distintas maneras, pero, he intentado describirlo caminando hacia atrás hasta llegar a la forma de considerar las relaciones entre la vida y la muerte de los griegos, de la gente medieval y hasta de los pre-griegos o los egipcios. El espacio y el tiempo físicos y sociales están vinculados de una nueva forma, para responder a los sentidos y a nuevas sensibilidades de nuestro tiempo. Los usuarios tradicionales tuvieron algunos problemas con esta nueva expresión cronotópica extraña de la vida y de la muerte, sin embargo, el tiempo cambió mucho esta primera impresión. Ahora descubren los valores poéticos (estéticos) profundos del lugar. Y también, día tras día, la incineración reemplaza velozmente la manera tradicional de enterrar el cuerpo entero. La arquitectura cambiará otra vez y este cementerio ha sido una señal de estas relaciones nuevas del espacio-tiempo cultural. Resumiendo, existe un aspecto dinámico nuevo de la vida moderna, es decir, la aceleración de las interconexiones sociofísicas del espacio-tiempo, tanto en las experiencias de viajes nómada como en las condiciones sedentarias fijas de la construcción del lugar. Miralles y Pinós conectan en un cronotopo nuevo ambos aspectos de esta aceleración, y quizás lo más difícil es el lado sedentario: los barcos hundidos llenos de tum-

eliminate an «aesthetic» deep distance between mind and machine, natural facts and cultural facts, and physical and social realms. For him the chronotope dies if there is no distance, and with him aesthetics disappears too. I have intended to show that this «distance» exists in this cemetery, because there is a new chronotopic aesthetic value of a built artistic object, meant to be something else than a «technical» artifact to bury human bodies...

The second example has a very different chronotopic structure. This waterfront by Carlos Ferrater and Associates,[19] is a good example of feedback between mind and computer. Ferrater wanted to build a large promenade (again the nomadic travel) thanks to a set of variations in a solid and complex seafront made of concrete and taking from the sea the natural sinuosity of the waves. The chronotope is, in this case, a lyrical direct interpenetration between the pace of persons walking and the pace of the waves of the sea. Who has not played this game as a child trying to be caught by the water, just in the edge between the sea and the beach...

Once built, users should feel and understand this almost musical, chronotopical interpenetration between the waves and the pace of walking.

It is a very difficult chronotope to imagine in spite of its simplicity and the design process showed this. First the authors tried with the machine without success (according to them). Second, the chronotopic connection was drawn by hand by cutting topographic curves from cardboard. Thirdly, they introduced these lines in the computer, and finally the computer «synthesized» the mathematical geometrical translation in order to reduce the complexity of the «natural» curves to some regularities, which allows construction with a few variations. This is, against some easy interpretations about the power of the computer, a nice case related to the Bakhtinian proposition of the necessary «distance» between natural and technical,

bas... una bonita metáfora de nuestros sueños modernos, que tiene en el cementerio de los elefantes una referencia natural remota; pero hay más...

¿Se podrían hacer todas estas «geometrías cronotópicas» con el ordenador? Más de un visitante al cementerio siente que es así. Pero no lo es. Sin embargo, barcos e innovaciones topográficas arquitectónicas con formas muy similares a las de este proyecto se hacen ahora con ordenador. La «familiaridad» aparente entre las formas naturales, mecánicas, simbólicas y sociales será uno de los trabajos de investigación más intrigantes e importantes de «arquitectonics». Bajtín nos indica que esta familiaridad nunca puede eliminar la profunda distancia «estética» entre la mente y la máquina, entre hechos naturales y hechos culturales, o finalmente, entre los ámbitos físicos y sociales. Para él el cronotopo muere si no hay una distancia, y con él también desaparece la estética. He intentado mostrar que esta «distancia» existe en este cementerio, porque hay un nuevo valor cronotópico estético de un objeto artístico construido, destinado a ser algo diferente que un artefacto «técnico» para enterrar los cuerpos humanos...

El segundo ejemplo tiene una estructura cronotópica muy diferente. Este paseo por Carlos Ferrater y Asociados[19] es un buen ejemplo de un feedback entre la mente y el ordenador. Ferrater quería construir un largo paseo (viaje nómada otra vez) gracias a las variaciones en un paseo marítimo sólido y complejo hecho de hormigón y tomando prestada del mar la sinuosidad natural de las olas. El cronotopo es, en este caso, un interpretación lírica directa entre el ritmo de las personas caminando y el ritmo de las olas del mar. ¿Quién no ha jugado de niño a ser alcanzado por el agua en la orilla entre el mar y la playa?...

on one side, and between the mind and the computer, on the other. It is the dialogy between both that intrigues me and makes the chronotopic structure of this example relevant. This design is not a «copy» of the «waves» just because the «technical» manipulation of the machine had to work with the «artistic» manipulation of the brain. Dialogy, then, between two different virtualities both needed, but both «insufficient».

When a child plays with the waves it cannot «copy» the performances of the waves. He or she tries to find some regularities in order to escape from the water. *This «hide and seek» dialogy between the brain and the water is the same kind of structure that is behind the chronotopic specificity of the waterfront designed by Carles Ferrater.* The brain itself does this double representation while computers cannot (this is why the machine failed). But while the brain cannot find regularities behind certain conditions, the machine can. Computers help the game, but the brain sets the rules. Geometry as chronotopic structure is not the mathematical curves decided at the end by the computer, they are just mathematical curves. The chronotopic aesthetic structure between the pace of the waves and the pace of the walking child, should be detected in the differences between the curves made by the computer before and after the synthesis of the geometry «at hand». The differences between two geometries are the kernel of the chronotope, just the same that happens when children play with the waves.

If we now compare these two chronotopic structures as interfaces between «points of view» as geographic distinctions and «voices» or social representations of the subjects' behavior inside these geographic space and time distinctions, we obtain figure 4 as an example of dialogical analyses between the «architectonics» of architecture.

In architecture we do not have the «heroes» (subjects) that are part of the artistic game. However, we do have

Una vez construido, los usuarios habrían de sentir y entender esta interpretación, casi musical, cronotópica, entre las olas y el ritmo de caminar.

Es un cronotopo muy difícil de imaginar, a pesar de su simplicidad, y el proceso de diseño lo mostraba. Primeramente, los autores lo intentaron con la máquina, sin éxito. Segundo, se dibujó a mano la conexión cronotópica cortando curvas topográficas con cartón. Tercero, introdujeron estas líneas en el ordenador, y finalmente, el ordenador «sintetizó» la traducción matemática geométrica para reducir a algunas regularidades la complejidad de las curvas «naturales», permitiendo la construcción, con unas pocas variaciones. Es, en contra de algunas interpretaciones fáciles sobre el poder del ordenador, un buen caso relacionado con la proposición bajtiniana de la «distancia» necesaria entre lo natural y lo técnico, por un lado, y entre la mente y el ordenador, por el otro. Es una dialógica entre ambos que me intriga y que hace relevante la estructura cronotópica de este ejemplo. Este diseño no es una «copia» de las «olas» solo porque la manipulación «técnica» de la máquina tenía que trabajar con la manipulación «artística» del cerebro. Es la dialógica, entonces, entre dos virtualidades diferentes. Ambas son necesarias, pero ambas son «insuficientes».

Cuando un niño juega con las olas no puede «copiar» el comportamiento de éstas. Intenta encontrar algunas regularidades para poderse escapar del agua. Esta dialógica del «escondite» entre el cerebro y el agua es el mismo tipo de estructura que está detrás de la especificidad del paseo diseñado por Carles Ferrater. El cerebro hace por sí mismo esta doble representación, los ordenadores no pueden (por esta razón falló la máquina). Pero el cerebro no puede encontrar regularidades detrás de cier-

the «potentiality» of built places to be used as artwork, both as constructed objects and as containers for the subjects of a specific specter: the «human beings» – Because this Figure 4 links the two sides of our poetic appropriation of places: peripateia and recognition.[20]

Mind, Land and Society Relationships Considered as a Dialogical Web

The sense of space, like the sense of time, works at several scales and at several speeds of development. This is exactly why the chronotope concept is useful as a synthesis between scales, periods of time and spaces of development. Because of that, it was embryo development with its clear interconnections between different kinds of cells that grow at different speeds, in different places of the body, that call the interest by Bakhtin, as he himself affirms.[21]

So, the relationships between ontogeny (the growth of the mind), phylogeny (the growth of the species), and heterochrony (changes in the paces of growth) are what matters here, as the last studies on developmental cognition shows.[22]

However, all these scales work together, because either the local and the global growth collaborate for life, or they produce death. It is the same for the chonotopic structure of architecture, music, etc. Either they work together at small and large environmental scales, or they do not work at all. All this indicates that the following argument; *this place is exceptional, what really matters are the other places that look all alike*, has no sense. Everything here is exceptional, since there are no two geographic and historical connections that are alike. A large field of work is open here for research. Memory, history of urban forms, urban morphology and semiotics of large environments can offer a lot of surprises, since a fine chronotopic chain links individual growth (ontogeny), social transformation (or phylogeny), and environmental

tas condiciones, la máquina sí. El ordenador ayuda al juego, pero el cerebro pone las reglas. La geometría como estructura cronotópica no consiste en las curvas matemáticas decididas al final por el ordenador, éstas son solamente curvas matemáticas. La estructura cronotópica estética entre el ritmo de las olas y el ritmo del niño caminando se tendría que detectar en las diferencias entre las curvas hechas por el ordenador antes y después de la síntesis de la geometría «a mano». Las diferencias entre dos geometrías son la esencia del cronotopo, y esto es, precisamente, lo mismo que pasa cuando los niños juegan con las olas.

Si ahora comparamos estas dos estructuras cronotópicas como interrelaciones entre «puntos de vista», como distinciones geográficas y «voces», o representaciones sociales de la conducta del sujeto dentro de estas distinciones geográficas del espacio-tiempo, obtendremos la figura 4 como un ejemplo de análisis dialógicos en la «arquitectónica» de la arquitectura.

En la arquitectura no tenemos los «héroes» (sujetos) que forman parte del juego artístico. Sin embargo, sí que tenemos la «potencialidad» de los lugares construidos para usarla como obra de arte, como objetos construidos o como contenedores para los sujetos de un espectro específico: los «seres humanos». Porque esta figura 4 relaciona los dos lados de nuestra apropiación poética de los lugares: la peripecia y el reconocimiento.[30]

Las relaciones entre mente, territorio y sociedad consideradas como una red dialógica

El sentido del espacio, como el sentido del tiempo, trabaja a varias escalas y a varias velocidades de desarrollo. Es precisamente por eso que el concepto

changes as synthesis between scales and rates of change (heterochrony). This fine and invisible chain preserves our survival.

The Internet is a good paradigm of this complex combination between education, society and architecture.[23] And a lot of non-forecasted laws can emerge from it.

Which is the role of architecture inside this complex situation? This basic question is what *Arquitectonics* should explore, with an open mind and an intercultural social perspective.

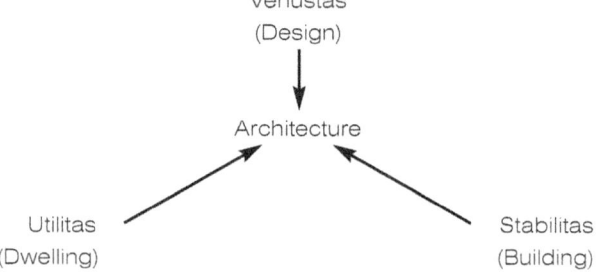

Figure 1. *The three basic Dimensions of architecture (according to Vitruvius and Heidegger).*

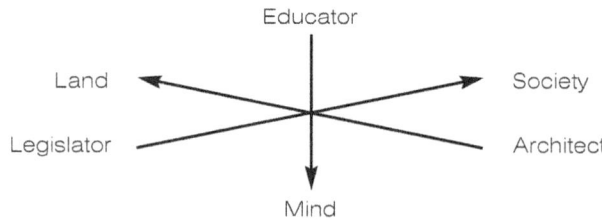

Figure 2. *The three basic activities that need high ethical wisdom (according to Aristotle).*

cronotópico es útil como síntesis entre escalas, períodos de tiempo y espacios de desarrollo. Por lo tanto, fue el desarrollo del embrión, con sus interconexiones claras entre células de diferente tipo que crecen a diferentes velocidades, en lugares diferentes del cuerpo, lo que llamó el interés de Bajtín, como él mismo afirma.[21]

Son, pues, las relaciones entre ontogenia (el crecimiento de la mente), filogenia (el crecimiento de las especies) y heterocronía (los cambios en los ritmos de crecimiento) son las que importan aquí, como muestran los últimos estudios sobre la cognición evolutiva.[22]

Sin embargo, todas estas escalas trabajan juntas, porque, o el crecimiento local y global colaboran en la vida, o producen la muerte. Pasa lo mismo en la estructura cronotópica de la arquitectura, de la música, etc. O trabajan juntos a escalas medioambientales pequeñas y grandes, o no trabajan en absoluto. Todo esto indica que la siguiente afirmación: este lugar es excepcional, lo que realmente importa son los otros lugares, todos ellos parecidos, no tiene sentido. Aquí todo es excepcional, porque no hay dos conexiones geográficas e históricas que sean iguales. Se abre aquí un importante campo de trabajo para la investigación. La memoria, la historia de la forma urbana, la morfología urbana y la semiótica de grandes entornos pueden ofrecer muchas sorpresas, porque una fina cadena cronotópica relaciona el crecimiento individual (ontogenia), la transformación social (o filogenia), y los cambios medioambientales como síntesis entre escalas y ritmos de cambio (heterocronía). Esta fina e invisible cadena preserva nuestra supervivencia.

Internet es un buen paradigma de esta compleja combinación entre educación, sociedad y arquitectura.[23] *Y muchas*

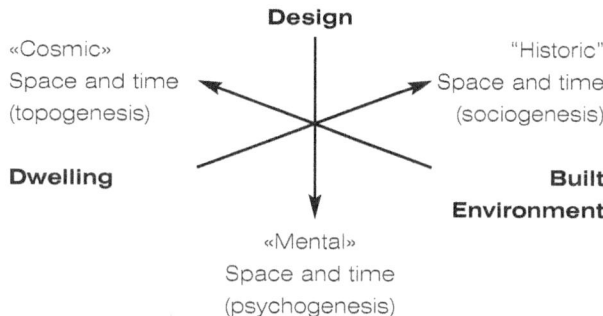

Figure 3. The threefold chronotopic dimensions of architecture.

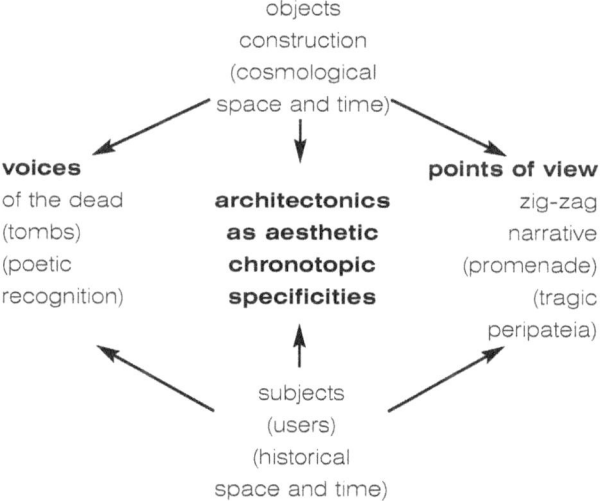

leyes no previstas pueden emerger de ella.

¿Cuál es el papel de la arquitectura dentro de esta compleja situación? Esta cuestión básica es la que Arquitectonics *habría de explorar, con una mente abierta y una perspectiva social intercultural.*

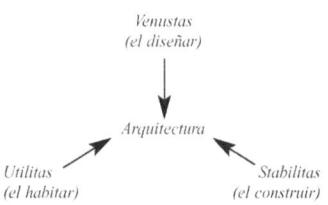

Figura 1. *Las tres dimensiones básicas de la arquitectura (según Vitrubio y Heidegger).*

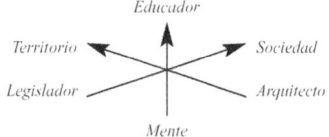

Figura 2. *Las tres actividades básicas que necesitan una gran sabiduría ética (según Aristóteles).*

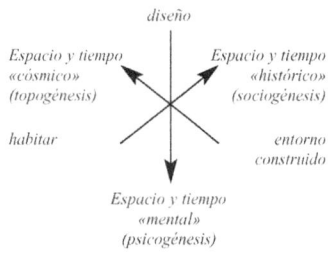

Figura 3. *Las tres dimensiones cronotópicas básicas de la arquitectura.*

(Ferrater & Associates Waterfront)

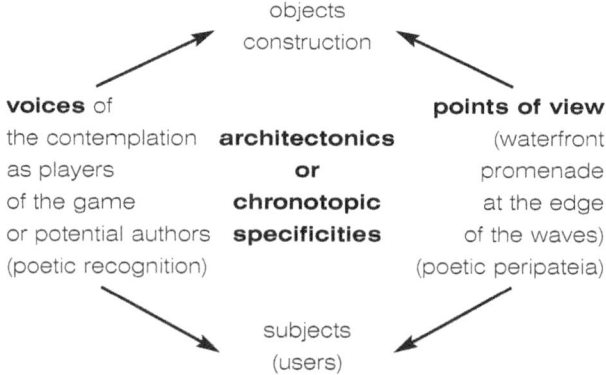

Figure 4. Dialogical and chronotopic specificities of the two works of architecture analyzed.

Waterfront in Benidorm by Ferrater & Associates (2002)
Paseo marítimo en Benidorm de Ferrer & Asociados (2002)

Figure 5. Benidorm before the waterfront design.
Figura 5. *Benidorm antes del proyecto del paseo.*

(El cementerio de Miralles/Pinós)

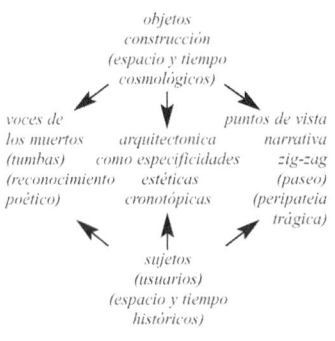

(Paseo marítimo de Ferrater & Asociados)

Figura 4. *Especificidades dialógicas y cronotópicas de los dos trabajos de arquitectura analizados.*

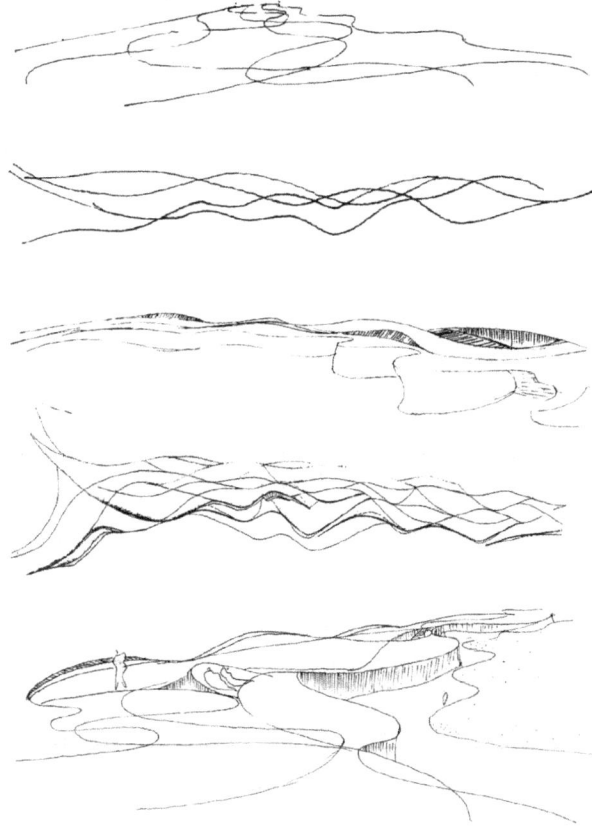

Figure 6. *First sketches of the waterfront promenade.*
Figura 6. *Primeros dibujos del paseo marítimo.*

1. *Ver* La Topogénèse *(1997). Paris: Anthropos. Spanish version:* La Topogénesis *(2000). Barcelona: Edicions UPC. (En la Web: www.agapea.com).*
2. KANDEL, E. *(2006):* On Search of Memory. *New York: Norton Company.*
3. *Tesis escrita en 1963, pero no publicada en forma de «facsímil» hasta el año 2006:* The Formal Basis of Architecture. *Lars Müller.*
4. PELLEGRINO, P. *(2000-2006):* Le sens de l'espace. *Paris: Anthropos.*
5. *Ver* MUNTAÑOLA, J. *(2006):* Mind, Land and Society. *Barcelona: Edicions UPC. (Publicado por la Escue-*

la de Arquitectura de Barcelona en las Actas del Congreso Internacional en Barcelona en 2004).
6. Hay muchos nuevos desarrollos cognitivos. Ver: VALSINER AND CONNOLLY eds. (2003): Handbook of Developmental Psychology. Sage.
7. SEARLE, J. (1994): The Construction of Social Reality. Free Press.
8. Lewis Mumford me envió en 1962 un largo artículo, «The Case Against Modern Architecture», para ser traducido al español. Se publicó en 1963 en la publicación Arquitectura 63 (Escuela de Arquitectura de Barcelona).
9. Lewis Mumford fue acusado de ser «conservador» después de su crítica de la tecnocracia implicada en la arquitectura moderna y en el urbanismo moderno. Mantenía este pesimismo hasta su muerte, como me expresó en varias cartas.
10. La mejor descripción de este proceso en POLLACK, M. (1997): The Education of the Architect. MIT Press.
11. Ver artículo citado en op. cit., nota 5, con el texto de VITRUBIO en cuatro lenguas: español, inglés, francés y catalán.
12. University of Texas Press hizo un trabajo excelente coordinado por el Profesor M. Holquist. Ver en relación con la palabra «architectonics» el prólogo de este profesor en la traducción inglesa del trabajo de M. Bakhtin (1990): Art and Answerability. Austin, Texas.
13. Citado de Art and Answerability; op. cit., nota 12, página 267.
14. Sobre este trabajo de MIRALLES, E. y PINÓS, C. ver MUNTAÑOLA, J. (2002): Arquitectura, modernidad y conocimiento. (Serie Arquitectonics número 2). Barcelona: Edicions UPC.
— (2004): Arquitectura 2000: mente, territorio y sociedad. (Serie Arquitectonics número 11). Barcelona: Edicions UPC (texto en español e inglés).

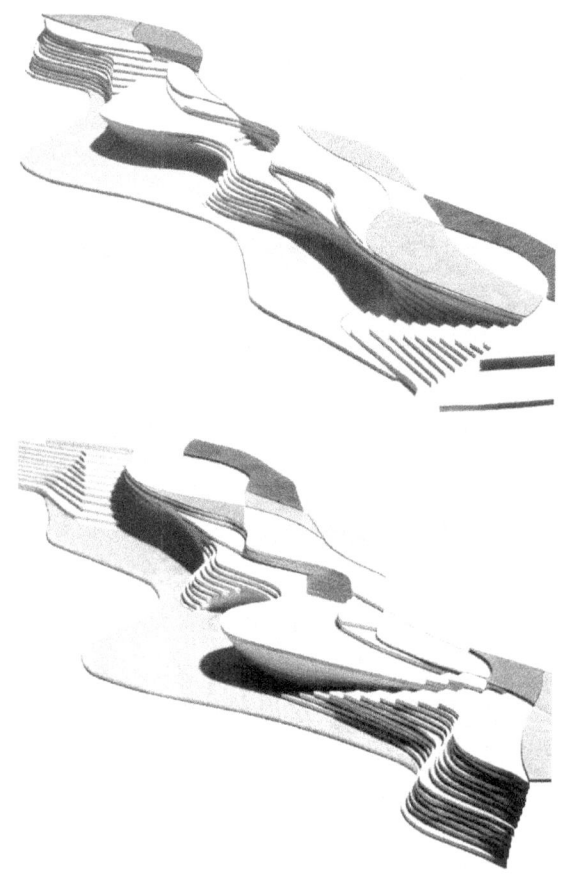

Figure 7. Manual cardboard model, before the geometric digital model.

Figura 7. Maqueta de cartón hecha a mano, antes del modelo geométrico digital.

15. Sobre este proyecto de Carlos Ferrater, ver Sincronizando la geometría. Barcelona: Actar Edicions (texto en español y en inglés).
16. Ver RICOEUR, P. (1985): Temps et récit. (Volume III). Paris: Gallimard.
17. Ver RICOEUR, P. (2003): «Architecture et narrativité», in Architecture and Hermeneutics (Series Arquitectonics number 4). Barcelona: Edicions UPC. (Original en francés y traducción española de este artículo, primero publicado en francés e italiano en La Bienale de Venecia, gracias a la desaparecida arquitecta Evelina Calvi de Torino).
18. Ver RICOEUR, P. (2005): Le parcours de la reconnaissance. Paris: Seuil.
19. Ver op. cit., nota 15.
20. Sobre la implementación de la poética en arquitectura ver op. cit., en notas 1, 16, 17 y 23.
21. El mismo Bajtín cita este origen del concepto «cronotopo», insistiendo en su sentido «metafórico», pero, añade con su típico destacado tono irónico: «pero no solo».
22. Op. cit., nota 6, sobre La investigación realizada por el Profesor Jonas Langer y sus seguidores, usando las dimensiones heterocrónicas evolutivas específicas cognitivas de la mente humana, totalmente diferentes de las de otros animales precisamente por estas calidades «heterocrónicas». Ver: LANGER, J; RIVERS, S; SCHLESINGER, M. y WAKELEY, A: Early Cognitive Development: Ontogeny and Phylogeny, en op. cit., nota 6.
23. Ver MUNTAÑOLA, J. (2007): Arquitectura, educación y sociedad: Volumen I. Hacia una arquitectura dialógica. Badajoz: Abecedario Editor

Figure 8. Geometric digital process.
Figura 8. el proceso geométrico digital.

Figure 9. Final wooden model and natural waves.
Figura 9. Maqueta final de madera y olas naturales.

Cementery in Igualada by Enric Miralles (1985-1998)

Cementerio en Igualada de Enric Miralles (1985-1998)

Figure 10. *General first sketches.*
Figura 10. *Primeros dibujos generales.*

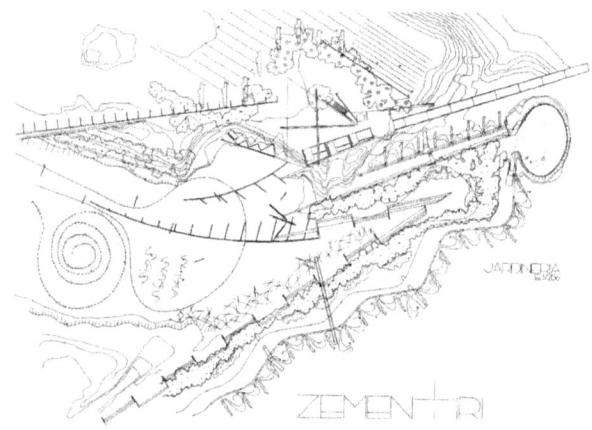

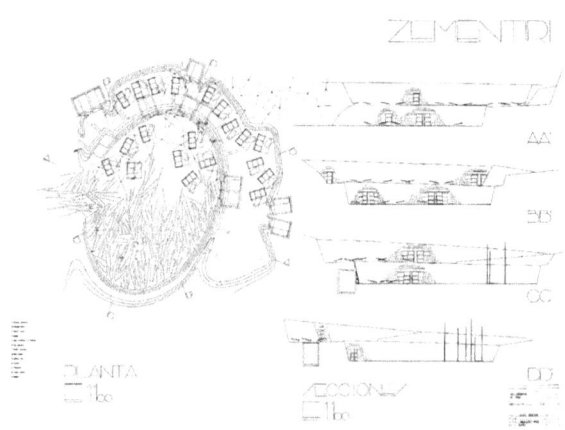

Figure 11. *Ground plan.*
Figura 11. *Plano de la acumulación de tumbas.*

Figure 12. *General view.*
Figura 12. *Vista general.*

Figure 13. *Perspective of access.*
Figura 13. *Perspectiva desde el acceso.*

Figure 14. *Overview.*
Figura 14. *Visión del conjunto.*

1. See *La Topogénèse* (1997). Paris: Anthropos. Spanish version: *La Topogénesis* (2000). Barcelona: Edicions UPC. (On the Web: www.agapea.com).
2. KANDEL, E. (2006): *On Search of Memory*. New York: Norton Company.

3. Thesis written in 1963, but not published in «facsimile» form until 2006: *The Formal Basis of Architecture*. Lars Müller.
4. Pellegrino, P. (2000-2006): *Le sens de l'espace*. Paris: Anthropos.
5. See Muntañola, J. (2006): *Mind, Land and Society*. Barcelona: Edicions UPC. (Published by the School of Architecture in Barcelona in the Proceedings of the International Congress in Barcelona in 2004).
6. There are a lot of new cognitive developments. See: Valsiner and Connolly eds. (2003): *Handbook of Developmental Psychology*. Sage.
7. Searle, J. (1994): *The Construction of Social Reality*. Free Press.
8. In 1962, Lewis Mumford sent me a long article called «The Case Against Modern Architecture», to be translated into Spanish. It was published in 1963 in the publication *Arquitectura 63*. (School of Architecture of Barcelona).
9. Lewis Mumford was accused of being «conservative» after his criticism of the technocracy involved in modern architecture and in modern urban planning. This pessimism remained until his death, as he expressed to me in several letters.
10. The best description of this process is in Pollack, M. (1997): *The Education of the Architect*. MIT Press.
11. See article quoted in op. cit. note 5, with the Vitruvius text in four languages: Spanish, English, French and Catalan.
12. The University of Texas Press did an excellent work coordinated by the Professor M. Holquist. See in relation to the word «architectonics» the foreword by this professor in the English translation of the work by M. Bakhtin (1990): *Art and Answerability*. Austin, Texas.
13. Quoted from: *Art and Answerability* (op. cit., note 12, page 267).
14. For this work by Miralles, E. and Pinós, C. see Muntañola, J. (2002): *Arquitectura, modernidad y conocimiento* (Series Arquitectonics number 2). Barcelona: Edicions UPC.
– (2004): *Architecture 2000: Mind, Land and Society* (Series Arquitectonics number 11). Barcelona: Edicions UPC (text in English and in Spanish).
15. For this project by Carlos Ferrater see *Synchronizing Geometry*. Barcelona: Actar Editions (text in English and in Spanish).
16. See Ricoeur, P. (1985): *Temps et récit*. (Volume III). Paris: Gallimard.
17. See Ricoeur, P. (2003): «Architecture et narrativité», in *Architecture and Hermeneutics* (Series Arquitectonics number 4). Barcelona: Edicions UPC. (Original in French and Spanish translations of this article published first in French and Italian in *La Bienale de Venecia*, thanks to the late Italian architect and professor Evelina Calvi from Turin).
18. See Ricoeur, P. (2005): *Le parcours de la reconnaissance*. Paris: Seuil.
19. See op. cit., note 15.
20. For the implementation of poetics into architecture see op. cit., in notes 1, 16, 17 and 23.
21. Bakhtin himself quotes this origin of the concept «chronotope», insisting on its «metaphorical» sense, but, he adds with his often outstanding ironic tone: «but not only».
22. Op. cit., note 6, and there, the research made by Professor Jonas Langer and followers, using the heterochronic developmental specific cognitive dimensions of the human mind, totally different from other animal species just because of these «heterochronic» qualities. See: Langer, J; Rivers, S; Schlesinger, M. and Wakeley, A: *Early Cognitive Development: Ontogeny and Phylogeny*, in op. cit., note 6.
23. See Muntañola, J. (2007): *Arquitectura, educación y sociedad: Volumen I. Hacia una arquitectura dialógica*. Badajoz: Abecedario Editor

Perspectives and references

Perspectivas y referencias

Mind, Land and Society Relationships in an Environment-Behavior Perspective

Las relaciones entre la mente, el territorio y la sociedad desde una perspectiva medio ambiental

AMOS RAPOPORT

Introducción

Desde mi punto de vista, existen cuatro aspectos EBS (Environmental Behavioral Sciences) *fundamentales en las ciencias que analizan las relaciones entre comportamiento y medio construido, o sea, en la relación entre la conducta y el lugar construido:*

1. *Es necesario considerarla como una disciplina científica, altamente interdisciplinar, por otro lado.*

2. *Proyectar estas relaciones (to design) exige conocer y aplicar los últimos y mejor consolidados resultados de esta disciplina.*

3. *Para llegar a ser una disciplina, las EBS deben explicar y teorizar sobre la construcción de espacios y de su impacto en el comportamiento social (RAPOPORT 1997a, 2000a).*

4. *Aunque una función esencial de cualquier teoría sea unificar y sintetizar, también es preciso un desarrollo conceptual y una progresiva generalización cuando se empieza a construir una teoría nueva.*

Existen hoy muchos estudios empíricos en las EBS, pero como el desarrollo teó-

Introduction

In my view, there are four important aspects to EBS.

1. It needs to be seen as a scientific discipline dealing with EBS. It is highly interdisciplinary, involving many relevant disciplines.

2. Design involves the application of the latest and best established research findings.

3. To become a discipline, EBS must concentrate on building explanatory theory (RAPOPORT 1997a, 2000a).

4. While an important function of theory is to provide unification and synthesis, conceptual unification, synthesis, conceptual development and generalization are also needed to begin to develop theory.

There are now many empirical studies in EBS but, because theory development has hardly begun, there is no unification. In fact, there are too many studies – their very number becomes counterproductive (RAPOPORT 2000b). Similar complaints have been made about other fields, i.e., sociology, where there seems to have been no improve-

rico apenas ha empezado, se echa en falta una unificación. De hecho, hay demasiados estudios empíricos y su número empieza a ser contraproducente (RAPOPORT 2000b). Algo parecido sucede hoy en sociología, en donde las nuevas teorías escasean en los últimos treinta años (WILLER y WILLER 1973; LOPREATO y CRIPPEN 1999), aunque empiezan a existir intentos de unificación (KOHLER 2000). Sin teoría, las relaciones entre las diferentes disciplinas incluidas en CSMA (Ciencias Sociales del Medio Ambiente) son difíciles y confusas. Existe también falta de relaciones entre teorías (e.g. BECHTEL 1986; ALTMANN 2002), que son algo esencial para unificar y para detectar las distintas áreas en CSMA. En suma, es urgente desarrollar teorías en relación a las EBS.

Podríamos buscar modelos en otras ciencias como la biología. Aquí existen muchos centros que intentan integrar distintos nuevos aspectos de la biología con análisis más tradicionales (e.g. PADIAN 1997a, para otros ejemplos ver RAPOPORT 1997a, 2000a).[1] En otras palabras, al reducir fenómenos complejos a elementos menos complejos, se pueden observar cómo estos nuevos elementos constituyen una totalidad.

Los intentos de unificación, sin embargo, están yendo mucho más lejos. El concepto de consilience (concurrencia) de Whewell ha sido de nuevo usado (WILSON 1998, 2001) y se está reflexionando sobre las posibilidades de unificar las ciencias exactas con las ciencias sociales e, incluso, con las humanidades (e.g. DAMASIO et al. 2001; KANDEL y SQUIRE 2001; DAMASIO 2001; POSNER et al. 2001; HARRINGTON etal 2001 (esp. KOSSLYN); KUHL et al. 2001; PADIAN 1997).

Otro tipo de unificación se está intentando realizar entre naturaleza y cultura (nurture) (e.g. ROBINSON 2004). Se

ment in thirty years (WILLER and WILLER 1973; LOPREATO and CRIPPEN 1999), although attempts at unification are beginning (e.g. KOHLER 2000). Without theory, there is no unification (and no 'compressibility') either within EBS or with other (relevant) disciplines that throw light on issues of EBR. There is also a lack of intertheory support, which is essential in science (e.g. BECHTEL 1986; ALTMANN 2002) and is the strongest form of overall unification (RAPOPORT 2000a). Also underemphasized is unification among sub-domains of EBS. Generally, then, the time is overdue for unification and synthesis.

Other fields, especially current developments in biology can provide a model for EBS. There are a number of centers, institutes and meetings that emphasize synthesis by combining integrative systems approaches with the necessary, more traditional analysis (reductive strategies) (e.g. PADIAN 1997; for other examples see RAPOPORT 1997a, 2000a).[1] In other words, having reduced complex phenomena to less complex elements there follows synthesis to see how these elements contribute to the whole.

Attempts at unification generally go much further, however. Whewell's concept of concilience has been revived (WILSON 1998, 2001) and has led to discussions of how unification could occur within sciences and between science and the social sciences and even the humanities (e.g. DAMASIO et al. 2001; KANDEL and SQUIRE 2001; DAMASIO 2001; POSNER et al. 2001; HARRINGTON et al. 2001 (esp. KOSSLYN); KUHL et al. 2001; PADIAN 1997).

Another major unification has been between 'nature' and 'nurture' (e.g. ROBINSON 2004). This shows how, and to what extent, both play a role, and how both interact, so that genes may affect nurture (shown by work with knockout mice lacking a particular gene).

In EBS however, despite some success in generating empirical findings potentially useful in design (but only if

*puede comprobar, así, como ambas juegan un importante papel, y como interactúan, viéndose como un cambio de genes afecta a la cultura (*nurture*).*

*En relación a las EBS, no obstante, a pesar de algunos avances en relación al cambio del comportamiento según el cambio del medio construido (R*APOPORT *1995a, b, c), no existe, de hecho, unificación válida. Cada estudio y cada grupo de estudios en la CSMA (y en las profesiones dedicadas al diseño) actúan en solitario sin serias evaluaciones y sin que puedan identificarse claramente diferencias* significativas*. Por lo tanto, voy a usar la estructura tripartita de la revista como ejercicio de identificación de subáreas y de posibles interconexiones entre ellas. En principio siempre es útil, como primer paso, definir el campo que se quiere unificar, por lo tanto recuerdo las tres cuestiones esenciales de las CSMA (Ciencias Sociales del Medio Ambiente), como yo las llamo (R*APOPORT *1990b, 2000a, 2003, 2004):*

1. *¿Qué características biosociales, psicológicas y culturales de los seres humanos (como individuos y como miembros de grupos sociales) influyen (y en diseño* deben *influir) en el territorio construido?*

2. *¿Qué efectos tienen en los comportamientos de qué grupos sociales algunas características concretas del territorio construido, bajo qué circunstancias, cuándo y cómo?*

3. *Dada la interacción en doble sentido entre personas y el lugar en el que viven, deben existir mecanismos que los relacionen. ¿Cuáles son estos mecanismos?*

Sin embargo, antes de intentar este ejercicio de unificación teórica, creo sugestivo reflexionar sobre los territo-

design changes – although that is another topic (RAPOPORT 1995a, b, c), continues to neglect unification. Each study is done in isolation; literature reviews are perfunctory and often *pro-forma*; 'review' articles are not synthesizing but merely lists of studies. Different sub-fields of EBS (and the design professions) operate in isolation, so that commonalities, principles, generalizations – and *significant* differences – are never identified. Nor can important questions easily be identified.

I therefore try a small exercise unification of sub-areas, using the themes in this Review (but in a slightly different order): mind, culture/society and land.

In general, defining a domain is an essential step, also in dealing with issues of unification (RAPOPORT 1990b, 2000a) I find useful defining the domain of EBS in terms of what I call the three basic questions of EBS (RAPOPORT 1990b, 2000a, 2003, 2004):

1. What *bio-social*, psychological and cultural characteristics of human beings (as individuals and as members of various groups) influence (and, in design, *should* influence) which characteristics of the built environment?

2. What effects do which aspects of which environments have on which groups of people, under what circumstances, i.e., in what context and when, why and how?

3. Given this two-way interaction between people and environments, there must be mechanisms that link them. What are these mechanisms?

However, before I begin the exercise in unification, I suggest that it is useful to think about the environment in terms of cultural landscapes.

rios considerados como paisajes culturales.

Los paisajes culturales

Quisiera, ante todo, definir lo que son los paisajes culturales porque todos vivimos en ellos. Ello es debido a que toda la tierra, incluso sus territorios más salvajes, ha sido alterada por el hombre (RAPOPORT 1993a; de RAPOPORT 1990a, b, 1992). En 1956, Thomas ya lo afirmaba y ha sido confirmado todavía más con los recientes estudios en la selva amazónica (WILLS et al. 2004; STOKSTAD 2003; LAURANCE et al. 2004). Los cambios hechos por el hombre son evidentes hasta en las áreas más «puras», con círculos, pasos y canales (HECKENBERGER et al. 2003). Descubrimientos similares se han encontrado en África, en Australia y hasta en China (MCNEILL 2004), en donde al parecer, por razones ideológicas, no se han querido aceptar. Todo ello está, además, apoyado por datos de sobreexplotación en caza, en pesca y por una muy temprana contaminación a nivel global (NRIAGU 1998).

Otras razones importantes para usar el concepto de «paisajes culturales» es porque él solo ya nos conduce a una unificación entre naturaleza y cultura gracias al tipo de transformación y a los materiales usados en dicha transformación. Ya que los materiales tienen distinto significado (RAPOPORT 1990a, 1997a), las diferentes reacciones de los grupos humanos ante paisajes naturales y/o construidos pueden deberse a estos distintos significados.[2]

Los paisajes culturales están causados por las acciones humanas en el paisaje «primigenio» (el territorio) e incluyen todos los elementos de un paisaje –edificios, carreteras, vegetación, canales y bosques– y difieren en especial por su extensión. Si definimos el diseño

Cultural landscapes

I begin with cultural landscapes (RAPOPORT 1993a; of RAPOPORT 1990a, b, 1992) partly because we all live in them. This is because the whole world (including apparent wilderness areas) have been altered, to some extent, by human action; this was pointed out as early as 1956 (THOMAS 1956) and increasingly confirmed by recent research on the Amazon jungle in Brazil (WILLS et al. 2004; STOKSTAD 2003; LAURANCE et al. 2004). There anthropogenic change to what appear to be pristine ('primeval') landscapes is clear, with very early, pre-contact cultural landscapes, including circular settlements (seemingly based on a single schema), bridges, canals and causeways (HECKENBERGER et al. 2003). Similar findings apply to African rainforests and the Australian outback. One even finds early and profound impacts in the case of China where ideology would seem to preclude it (MCNEILL 2004). This is also supported by evidence of early overhunting and overfishing, and early global lead pollution (NRIAGU 1998).

The other important reason for using the concept 'cultural landscape' is that this itself leads to unification, for example between 'natural' and urban landscapes which differ partly in the extent of their apparent transformation, and partly in the materials involved. Since materials in general have meaning (RAPOPORT 1990a, 1997a), different human reactions to 'natural' and built landscapes (e.g. 'townscape') may be due to the meaning of the materials involved, but all can be treated as cultural landscapes.[2]

Cultural landscapes are defined as the result of human actions on the 'primeval' landscape (i.e. 'the land') and include all elements of the landscape – buildings, roads, settlements, fences, fields, vegetation, water-features and forests, and their 'furnishings', and differ primarily in the apparent extent of their transformation. If we think of design in the broad sense as any human change to the face of the earth (as I think we must) then the whole

(design), en sentido general, como cualquier cambio que el hombre haga en la faz de la tierra, entonces la totalidad del mundo está proyectado (RAPOPORT 1972). Como no existe el «diseñador» propiamente dicho, la cuestión crítica es cómo es posible que los paisajes así diseñados sean reconocibles y «formen una totalidad», poseyendo una coherencia multisensorial característica (RAPOPORT 1992, páginas 276-280). Nuestra consciencia relaciona inmediatamente los paisajes culturales con nuestra mente a través de su percepción (RAPOPORT 1977, Cáp. 4, 1999-2000).

Contestar a esta pregunta nos conduce a importantes ideas sobre la naturaleza en sí del acto de proyectar (no es aquí el tema que trato), pero también tiene que ver con el tema de este artículo, es decir, aclara la acción conjunta entre la mente y la cultura social en su impacto sobre el territorio, ayudando así a unificar estos tres términos.

Una contestación breve a esta pregunta central es que, en la creación de paisajes culturales, colaboran muchas personas por un largo período de tiempo y tomando decisiones según un conjunto de reglas (lo que he denominado un modelo de tomar decisiones a través del diseño [RAPOPORT 1977, Cáp. 1, 2003 y 2004, Figuras 28-33]). Estas reglas intentan acercarse de forma imperfecta a un ideal, a una imagen no consciente de gente ideal viviendo vidas ideales en lugares ideales (RAPOPORT 1993a). Estos ideales y estos «esquemas» están en la mente de los individuos, pero están «compartidos» (shared), o sea que, los dos términos de mi triángulo: la mente y la sociedad/cultura, están unificados. La cuestión ahora es saber cómo estos «esquemas» (imágenes ideales) impactan en el territorio para producir paisajes culturales, o sea, cómo transformar las imágenes en acciones (una cuestión ya planteada en 1960, pero que hoy puede

world is designed (RAPOPORT 1972). Since there is no 'designer' in the common use of the term, a critical question is how such landscapes come to be, 'hang together' and become recognizable, i.e., acquire a specific character or ambience — the multisensory attributes which characterize them (RAPOPORT 1992, pp. 276-280). Our awareness of ambience immediately links cultural landscapes to mind through perception (RAPOPORT 1977, Ch. 4, 1999-2000).

Answering this question leads to important insights into the nature of design (not my topic here) but also bears directly on the topic of this paper — it clarifies the joint action of *mind* and *culture/society* in impacting the *land* and helps unify these terms.

The brief answer to the question posed above is that in creating cultural landscapes, many people over long periods of time make decisions choosing among alternatives by applying systems of rules – what I call the choice model of design (RAPOPORT 1977, Ch. 1, 2003 and 2004, Figs. 28-33). These rules try to approach, however imperfectly (asymptotically) some ideal, an often nonconscious image of ideal people living ideal lives in ideal settings (RAPOPORT 1993a). These ideals and schemata are in the minds of individuals, but are *shared*, so that the first two terms of my synthesis (mind and society/culture), are unified. The remaining question then becomes how they impact the land producing cultural landscapes, i.e., how images are translated into action – a question posed as early as 1960 (MILLER, GALLANTER and PRIBRAM 1960; RAPOPORT 1977, pp. 42-47). This as will be seen later, can now be addressed more effectively.

The extent to which cultural landscapes cohere varies with the degree of sharing of the images and schemata. This, in turn, depends on the size and degree of homogeneity/heterogeneity of groups (RAPOPORT 2003 and 2004, Fig. 47). This helps explain the apparent 'harmony' of traditional vernacular landscapes with the apparent

responderse más claramente [MILLER, GALLANTER y PRIBRAM 1960; RAPOPORT 1977, págs. 42-47]).

La intensidad con la que los paisajes culturales son coherentes varía según el nivel con el que estas imágenes (esquemas) son compartidas o no. Ello, a su vez, depende del tamaño y grado de homogeneidad de los grupos sociales (RAPOPORT 2003 y 2004, Fig. 47). Esto explica la armonía "aparente" de los paisajes tradicionales y el «desorden» o «caos» –de hecho otro orden– (RAPOPORT 1984, 1993a) de los paisajes modernos contemporáneos. En este último caso, conviven distintos grupos con diferentes imágenes y con cambios muy rápidos en sus imágenes. Así se producen paisajes culturales complejos y confusos aunque dinámicos, y que pueden ser difíciles de analizar (RAPOPORT 1993a, esp. pág. 41).

*Obviamente los paisajes culturales son clases de territorios (*environments*), pero territorios o «medio ambiente» son términos excesivamente amplios que hay que precisar (RAPOPORT 1997a, 2000a, 2003, 2004). Como cualquier tipo de territorio, los paisajes culturales puede entenderse como expresiones específicas de la organización de espacio, tiempo, significado y comunicación (es decir, incorporando espacio como dimensión unificadora). Los paisajes culturales están configurados por sistemas de asentamientos en los que ciertos sistemas de actividades tienen lugar. Estos sistemas de asentamientos están, a su vez, configurados por elementos fijos y habitados por personas (y animales) no-fijos. Es la unión entre lo fijo y lo no-fijo la que define los ambientes antes citados.*

Tras esta presentación de los paisajes culturales y de sus atributos, vamos ahora a descubrir con más detalle la posible unificación entre mente, sociedad-cultura y territorio, relacionados

'chaos' (really a different order RAPOPORT 1984, 1993a) of contemporary cultural landscapes. These result from the co-action of many varied groups with often distinctive, alternative and contrasting visions and ideals, and rapidly changing schemata. The results are complex and confusing but dynamic landscapes that may be difficult to interpret (RAPOPORT 1993a, esp. p. 41).

Of course, cultural landscapes are types of environments. 'Environment' is too broad a term and, like many other such terms needs to be dismantled (RAPOPORT 1997a, 2000a, 2003, 2004). Like all environments, cultural landscapes can be understood as specific expressions of the organization of space, time, meaning and communication (thus incorporating *space* into the unification). Cultural landscapes are composed of systems of settings within which systems of activities take place. These, in turn, are made up of fixed and semi-fixed features (i.e., all the elements of material culture) and inhabited by people (and animals) – non-fixed features. Together, these produce the specific ambience mentioned earlier.

Having introduced the cultural landscape as the subject of discussion, having very briefly discussed some of its interesting attributes and having foreshadowed the course of the unification, I now turn to a more detailed discussion of the unification among mind, culture/society and land, related to the three basic questions of EBS. This relation is self-evident. The three questions clearly address both mind and society/culture through the psychological and cultural characteristics of people, through how people are affected by environments, how they perceive, understand and react to them, and through the mechanisms that link them. For example, of the nine mechanisms, I have identified so far (RAPOPORT 2000a, p.120; 2003 pp. 26-28; 2004, pp. 12-14), six relate to mind, two to culture/society and one is mediated by culture. I begin with mind, because its distinguishing attributes are generally taken to be defining of *Homo Sapiens*.

con las tres cuestiones básicas de las EBS (Ciencias Sociales del Medio ambiente). Esta unificación es evidente, ya que las tres cuestiones se refieren a la mente y a la sociedad-cultura, a través de las características psicológicas y culturales de la gente (cuestión primera), a través de cómo la gente resulta afectada por los lugares en los que habita, percibe y reacciona (cuestión dos) y a través de los mecanismos que articulan los habitantes con los lugares en los que viven. Por ejemplo, de los nueve mecanismos que he identificado hasta hoy (RAPOPORT 2000a, pág. 120; 2003 págs. 26-28; 2004, págs. 12-14), seis se relacionan con la mente, dos con la cultura-sociedad y uno está mediatizado por la cultura. Empiezo con la mente, puesto que parece ser el elemento definitorio del homo sapiens.

Mente

Desde su origen, las EBS han estado interesadas por la percepción y la cognición medioambiental. En los últimos años, el desarrollo de las ciencias cognitivas para conocer el funcionamiento de nuestro cerebro ha sido extraordinario. Por ejemplo, sobre cómo funciona la percepción (e.g. GAND y GOODALE 2003; HASSON 2004; HE et al. 2003), sobre los sentidos no visuales (e.g. HOLLOWAY 1999; Science 1999; MCADAMS y BIGAUD 2001), también sobre cómo todos estos sentidos se integran para crear una percepción global del ambiente (e.g. STEIN y MEREDITH 1993; RAO et al. 1997; LOGOTHETIS 1999). Sabemos más sobre la complejidad del sentido de la vista (e.g. KASTNER et al. 1998; COX et al. 2004), un problema discutido desde el principio de las EBS. También existen nuevas aproximaciones a la percepción subliminal (RAPOPORT 1977), por ejemplo, bajo la forma de respuestas afectivas inconscientes (e.g. Maas 1996). Parece ser que las reacciones a

Mind

From the start, EBS has been much concerned with environmental perception and cognition. There has been extraordinary progress in brain research in recent years on these topics. For example, on how perception generally works (e.g. GAND and GOODALE 2003; HASSON 2004; HE et al. 2003); on the non-visual senses: SMELL (e.g. HOLLOWAY 1999; Science 1999), Hearing (e.g. MCADAMS and BIGAUD 2001), touch and prioception; on how the different senses work together and are integrated to create the ambience of the world (e.g. STEIN and MEREDITH 1993; RAO et al. 1997; LOGOTHETIS 1999). Light has been thrown on how we deal with the complexity of visual (let alone multisensory) scenes typical of the environment (e.g. KASTNER et al. 1998; COX et al. 2004) – a problem discussed since the founding of EBS. There has also been further work on subliminal perception (RAPOPORT 1977), e.g. in the form of nonconscious affective responses (e.g. MAAS 1996). It appears that responses to novelty and the maintenance of contextual information can both occur without awareness (BERNS et al. 1997). There are also preconscious and nonconscious processes in decision-making, involving emotions (BECHARA et al. 1997; cf DAMASIO 1994, 1999, 2003).

Work on cognition has been equally rapid. For example, one of my doctoral students reviewed some of the new research on cognitive mapping, spatial learning, wayfinding, etc., between 1980 and 2000 (SILVA 2000O starting with my summary to the late '70's. (RAPOPORT 1977, Ch. 3)). He identified many developments: Agreement and disagreement, development, elaboration, clarification or changes in findings as well as new findings.[3]

Work has continued on cognitive maps in non-human animals, bearing on the evolution of such maps; this has been related to further work on humans. There has been research on how visual information and movement (i.e. action) are related and the specific brain areas (and spe-

situaciones conocidas o nuevas pueden ser en ambos casos no conscientes (BERNS et al. 1997). En los procesos de toma de decisiones existen, así mismo, factores preconscientes y no conscientes, relacionados con las emociones (BECHARA et al. 1997; DAMASIO 1994, 1999, 2003).

Los trabajos sobre la cognición también han avanzado mucho. Así, uno de mis estudiantes de doctorado ha analizado los avances en el estudio de los mapas cognitivos entre 1980 y el año 2000 (SILVA 2000O a partir de un estudio previo (RAPOPORT 1977, Cap. 3)). Pudo identificar muchos avances, clarificando algunos temas anteriores, pero también innovando caminos en otros casos.[3]

Prosiguen los trabajos sobre la cognición en no-humanos para comparar con los humanos sus habilidades espaciales. También se analizan hoy las relaciones entre la visión y el movimiento, y se sabe qué regiones del cerebro las construyen («place cells») (e.g. BARINAGA 1999; BATISTA et al. 1999). La percepción y el comportamiento interactúan en dos direcciones. Es ya evidente que el territorio construido influye en la percepción (e.g. VERSCHURE et al. 2003). Dado que percibimos a través del movimiento, todos estos estudios son importantes.

Aunque, anteriormente, tanto psicólogos como geógrafos plantearon estos procesos como «una caja negra» en el interior del cuerpo, hoy se buscan las estructuras neuronales que se correlacionan con un tipo de comportamiento en un lugar preciso. Así, EKSTOM et al. (2003) compara los comportamientos entre animales y humanos y los comprueba en una ciudad virtual. Incluso, existen hoy estudios sobre la base molecular y neuronal del aprendizaje y de la memoria espaciales (e.g. ROUSH 1997). Finalmente, todo ello ha sido analizado

cial «place cells») involved (e.g. BARINAGA 1999; BATISTA et al. 1999). Perception and behavior are linked not only by the former leading to the latter – behavior also influences perception. It seems clear that perception is not only internal to the agent, but is influenced by the environment, and the mechanisms involved are being studied (e.g. VERSCHURE et al. 2003). Since we perceive environments by moving through them, this recent work has major implications for environmental perception.

Whereas psychologists and geographers who initially work on environmental cognition tended to view the process as somewhat of a black box, the new approaches look for the neuronal correlates of cognitive mapping systems and how these provide a basis for spatial behavior both in humans and non-human animals, integrating research previously isolated. THUS, EKSTROM et al. (2003) compare such behavior in rodents and humans and then test their conclusions in a virtual town. Even the molecular basis underlying spatial learning and memory is beginning to be studied (e.g. ROUSH 1997). Moreover, the contributions of many different disciplines and approaches to wayfinding and cognitive mapping are being integrated and studied in real environments, including cities (e.g. GOLLEDGE 1999).

This recent work, however, is no longer limited to perception and cognition. There is research on the evolution of the brain/mind; the nature of mind, the self and awareness; on mental imagery and its importance in mental life, thinking, planning and making choices (TYE 1991; KOSSLYN 1980, 1983, 1994; DAMASIO 1994, 1999). There is work on affect (e.g. EVANS 2001) and its neural basis, which throws light on subjectivity, and also research on the importance of interaction of emotion, perception and cognition, of body and brain, of imagery and thought (e.g. DAMASIO 1994, 1999, 2001, 2003). There is research on the possible evolutionary origins of a sense of aesthetics (MAAS 1996) and on the development of art and artifacts, as well as on the neural basis of art (e.g. Zeki 1999) and

a través de comportamientos en ciudades reales (e.g. GOLLEDGE 1999).

Los últimos trabajos van más allá de la percepción y de las cogniciones espaciales. Me refiero al estudio de las relaciones entre el cerebro y la capacidad mental humana, y su autoconsciencia; por ejemplo, se estudian las imágenes y la estructura neuronal de la toma de decisiones, el acto de proyectar, etc. (TYE 1991; KOSSLYN 1980, 1983, 1994; DAMASIO 1994, 1999). Existen trabajos sobre el afecto (e.g. EVANS 2001) y su base neurológica, lo que permite conocer mejor la capacidad subjetiva de la consciencia; igualmente importantes son los trabajos que articulan percepción, emoción y movimiento (e.g. DAMASIO 1994, 1999, 2001, 2003). También se están estudiando los orígenes evolutivos de la capacidad estética (MAAS 1996) y la base neurológica del arte (e.g. ZEKI 1999), así como el origen evolutivo de las preferencias por lugares precisos (e.g. WILSON 1984; ORIANS y HEERWAGEN 1992). Tenemos teorías de cómo la mente y el cerebro responden a situaciones concretas (DAMASIO 1994, pág. 227) a partir del significado de los elementos espaciales (RAPOPORT 1990a).

Además, se está estudiando de qué manera el sujeto articula todas estas dimensiones del cerebro y de la mente a través de su consciencia, aspecto esencial para la comprensión del espacio humano. Entre los parámetros físicos y la experiencia subjetiva existen articulaciones significativas (e.g. MAGISTRETTI et al. 1999). La neurobiología empieza a encontrar las relaciones entre el conocimiento psicológico del comportamiento y el conocimiento psicológico de los procesos cognitivos, a través de las bases neurológicas de ambos (aunque PAPINEAU (2004) no está conforme con los resultados). La consciencia se

on evolutionary reasons for certain environmental preferences (e.g. WILSON 1984; ORIANS and HEERWAGEN 1992). Explanations are being proposed for how the brain/mind and consciousness describe a situation (DAMASIO 1994, p. 227) the importance of which in environmental meaning I have emphasized (RAPOPORT 1990a).

Also being investigated is how all these topics interact with each other to produce mental states leading to subjective experience – so central to the experience of the environment. Causal linkages are being established between physical parameters and subjective experience (e.g. MAGISTRETTI et al. 1999). Neurobiology begins to make it possible to link the psychological understanding of behavior and cognition, via perception and cognition with molecular phenomena via neurobiology (although, e.g. PAPINEAU (2004) disagrees that it is being, or can, be achieved). Consciousness is increasingly understood as a biological phenomenon and understanding is beginning on the various aspects of consciousness debated by philosophers since antiquity, i.e., a unification between philosophy, neurobiology, cognitive science, linguistics, etc. – the beginnings of a unified science of the mind/brain (e.g. P.M. CHURCHLAND 1995; P.S. CHURCHLAND 2000), although others (e.g. CHALMERS 1996) disagree.

Also becoming understood is how the activity of the brain produces vivid sensory experiences and how actions, decisions and choices follow. The identification of the mechanisms of consciousness helps clarify how awareness develops, which is clearly central to the experience of the environment and its ambience, the experience of what we see, hear, touch, smell, move through and the emotions evoked via internal (bodily and brain) responses (DAMASIO 1994, 1999, 2003) (i.e. the philosophical problem of qualia). Accounts are being given of the specific patterns of brain activity, the neuronal correlates of consciousness» (CHANGEUX 2004; HAGGARD 2004; LOGOTHETIS 1999).

considera cada día más como un fenómeno con base biológica, y su funcionamiento, debatido desde la antigüedad por filósofos, se comprende y se explica cada día mejor a partir de la unificación entre neurobiología, ciencias cognitivas, filosofía, etc. Algunos (e.g. P.M. CHURCHLAND 1995; P.S. CHURCHLAND 2000) apoyan esta unificación, aunque otros la rechazan (e.g. CHALMERS 1996).

Se entiende cada día más cómo el cerebro produce experiencias sensoriales y de qué manera participa en la toma de decisiones y en las acciones. Así, se puede saber cómo se desarrolla nuestra consciencia del contexto que nos rodea, algo esencial para las EBS, ya que todo lo que sentimos del exterior estimula vía interna, cuerpo y cerebro, a través de emociones evocadoras (DAMASIO 1994, 1999, 2003). Así, se han detectado «correlaciones neuronales en cada nivel de consciencia» (CHANGEUX 2004; HAGGARD 2004; LOGOTHETIS 1999).

Todo este inmenso trabajo se realiza tanto a nivel de «especie» (neurología y ciencias cognitivas) como a nivel de las variaciones individuales dentro de una especie (genética del comportamiento). Parece ser que a nivel de percepción existen factores muy similares entre individuos de la especie humana (PESSOA 2004; HASSON et al. 2004), cosa que yo ya había sugerido hace años (RAPOPORT 1977).[4]

En relación a los mapas mentales, los aspectos citados de emociones, comportamiento social (que comporta la cultura) naturaleza de la mente, etc. han sido investigados comparando humanos y distintas especies de animales (e.g. MATSUZAWA 2003; DE WAAL 2001a, b; HENRICH 2004; WYTTENBACH 1996; BLAKESEE 1996; ANGIER 2004). También son importantes los estudios sobre la ontogénesis de las reglas abs-

All this work goes on both at the level of what is typical of the species (e.g. neuroscience, cognitive science) and regarding individual variations (behavioral genetics). There are also indications that, at least at the level of perception, there is great uniformity among people. (PESSOA 2004; HASSON et al. 2004) as I have suggested (RAPOPORT 1977).[4]

As in the case of cognitive maps topics such as the nature of mind, thinking, emotions and social behavior (which bears on culture) are also being investigated by comparing humans with non-human organisms, from insects to primates (e.g. MATSUZAWA 2003; DE WAAL 2001a, b; HENRICH 2004; WYTTENBACH 1996; BLAKESEE 1996; ANGIER 2004). Also used are developmental studies that have shown, for example, that the formation of abstract rules in language learning (in addition to associationism and connectionism) starts in very young babies (e.g. PINKER 1999; MARCUS et al. 1999).

Also being studied is where and how integration occurs in the brain – among different sensory modalities, between perceptions of form and color and spatial location, of affect and cognition, of self and our experience of the world. Note that such integration may not be in a specific part or area of the brain, but through the interaction of different areas; much of brain activity is distributed (and mind can be seen as a process rather than a thing (DAMASIO 1999)). In fact, this interaction among specialized area of the brain (or the 'modules' posited by some (e.g. BARKOW, COSMIDES and TOOBY 1992; PINKER 1997)) has been proposed as the essence of the human mind (MITHEN 1996).

All this ongoing work on elucidating the nature of mind, self, affect and emotions, empathy (e.g. SINGER et al. 2004), memory, communication, subjective experience and so on, covers many topics potentially relevant to mind as it relates to EBS and environmental design, and tries to explain them naturalistically. As in any relatively new and rapidly developing field of science, there are still many

tractas en niños muy pequeños, en su lenguaje (además del asociacionismo y de la conexión entre ideas) (PINKER 1999; MARCUS et al. 1999).

Se conoce mucho mejor dónde y cómo el cerebro integra las distintas sensaciones, como por ejemplo color y afecto, o color y orientación espacial. Esta integración pone en movimiento muchas partes del cerebro y no un área precisa, por lo que muchos autores definen la consciencia más como un proceso que como una cosa (DAMASIO 1999). De hecho, esta capacidad de interacción entre áreas (o «módulos») (según BARKOW, COSMIDES y TOOBY 1992; PINKER 1997) ha sido considerada como la esencia específica de la mente humana (MITHEN).

Todo este trabajo que pretende comprender la naturaleza de la mente, las emociones, el afecto (e.g. SINGER et al. 2004) la memoria, la comunicación, la experiencia subjetiva, etc., es muy importante para las EBS y para el diseño medioambiental, ya que pretende dar una base «natural» a todos estos procesos mentales. Aunque existen muchas lagunas y las opiniones no son uniformes, el impacto en las EBS ha sido considerable (e.g. BAUMGARTNER y PAYR 1995; CALVIN y BICKERTON 2000; CHURCHLAND, P. M. 1995; CHURCHLAND, P.S 2000; CHANGEUX 2004; DAMASIO 1994; 1999, 2001, 2003; DENNETT 1995, 2003; DRETSKE 1988, 1995; FISHBACH 1994; HAGGARD 2004; HUMPHREY 1992; JOLLY 2004; KOECHLIN et al. 2003; MARCUS et al. 1999; MILLER 2000; PINKER 1997, 1999, 2002; SEGERSTRALE y MOLNAR 1997; SINGER et al. 2004; TONONI y EDELMAN 1998; WILLIAMS 1997). Es importante mantener las relaciones entre estudios sobre la mente y las EBS. Un ejemplo en otros campos sería la aplicación neurobiológica a las ciencias económicas.[5]

unknowns, as well as conflicts and disagreements among researchers. But there is also much and increasing (often unarticulated) agreement and synthesis following analysis, i.e., unification both among the various fields studying the mind/brain and among findings. In any case, the resulting body of work is clearly of prime importance for EBS and environmental design and should become known (e.g. BAUMGARTNER and PAYR 1995; CALVIN and BICKERTON 2000; P.M. CHURCHLAND 1995; P.S. CHURCHLAND 2000; CHANGEUX 2004; DAMASIO 1994; 1999, 2001, 2003; DENNETT 1995, 2003; DRETSKE 1988, 1995; FISHBACH 1994; HAGGARD 2004; HUMPHREY 1992; JOLLY 2004; KOECHLIN et al. 2003; MARCUS et al. 1999; MILLER 2000; PINKER 1997, 1999, 2002; SEGERSTRALE and MOLNAR 1997; SINGER et al. 2004; TONONI and EDELMAN 1998; WILLIAMS 1997). It is critical that people in EBS and environmental design keep up with this work, use it and ideally collaborate in research if they are to understand and deal with the role of mind their fields. A possible analogue is provided by current attempts to apply neuroscience and evolutionary science to economics.[5]

Given the many attributes of an entity as complex as the human mind, only some of the attributes will be relevant to EBS and environmental design. One can then begin to ask, for example, which of these attributes are relevant in the creation of cultural landscapes and their ambience; in how they are perceived and in how they affect people, their mood, emotions and feelings (directly or indirectly); on the role of meaning (and hence culture) in this process (RAPOPORT 1990a), and on the role of schema theory and script/frame theory (RAPOPORT 1999a, Epilogue and References therein). In other words, all this suggests areas of research and questions — an important role of unification. A first step might be to annotate the various elements in the dismantling of culture (RAPOPORT 2003, 2004, Figs. 43-45).

The rate of progress in brain/mind research is so rapid that specifics are less important than the gradual clarification of issues and the approach taken. In this approach, two things are critical:

No todas las dimensiones de la mente son relevantes para las EBS, y para el diseño medioambiental. Podríamos seleccionar, por ejemplo, los aspectos más relevantes en la concepción y percepción de los paisajes culturales, y en cómo afectan a las personas y cuál es en cada caso su significado (RAPOPORT 1990a), etc. En suma, todos estos estudios pueden ayudar a unificar las EBS. Un primer paso sería el trabajo de deconstrucción del concepto universal de cultura (RAPOPORT 1999a). El progreso en esta área de las relaciones entre la mente y el cerebro es tan rápido que no es posible detenerse en aspectos concretos, sino que hay que concentrarse en avances globales a nivel teórico. Entre ellos los dos siguientes:

1. Las relaciones entre la mente y el cerebro dejan de ser un misterio y se convierten en un problema (PINKER 1997, pix, citando a Chomsky).

2. Es evidente que el problema puede analizarse científicamente y no solo metafísica o filosóficamente.

El avance rápido de estos estudios no se debe únicamente a su naturaleza científica, sino a la capacidad de unificación entre diversas disciplinas y a su conexión con la neurología, a los avances sobre la ontogénesis y la filogénesis del cerebro humano y del cerebro de distintas especies animales, así como por la importancia del papel de la cultura, etc. El objetivo final es entender el sistema nervioso desde las células (y sus genes) hasta el comportamiento (HE et al. 2003). Se trata de proponer enlaces propositivos (linking propositions) entre el comportamiento y procesos asociados, de una parte, y el funcionamiento del cerebro, por la otra.

Ahora ya debo relacionar la mente con los otros dos términos de este artículo: cultura y sociedad, y finalmente, el

1. The brain/mind has been demystified, i.e., changed from a mystery to a problem (PINKER 1997, pix, citing CHOMSKY).

2. It seems clear that this problem is amenable to scientific research, moving away from philosophical or metaphysical speculation (e.g. 'theory of mind' and 'qualia', both much discussed in philoso).

The rapid progress in the study of mind is due not only to using scientific approaches, but also to the unification and integration between cognitive science (itself linking psychology, philosophy, neuroscience, linguistics, computer science and artificial intelligence/robotics) with neurobiology at the gross anatomical, cellular and molecular levels, evolutionary principles applied to brain, mind and culture, the role of culture, studies of non-human animals etc. The ultimate goal is to understand the nervous system from molecules to behavior (HE et al. 2003) The approach is to develop explanatory *linking_propositions*, statements about behavior and the associated processes in terms of brain function at various levels, i.e., to unify those.

The time has, however, come to begin to link mind to the other themes. A useful starting point is that, in discussing cultural landscapes and their formation, I emphasized the importance of schemata, which play a central role in the shaping of any artefact.[6]

In fact, the beginnings of *Homo Sapiens* are often identified with the emergence of stone tools, which, unlike earlier ones, seem to require a mental template (or schema). This also applies to other artifacts, such as sculptures, paintings and decorations, which, because of their symbolic content also imply the existence of such templates or schemata. This topic of the origins of art and symbolic behavior as a hallmark of the emergence of *Homo Sapiens* is being actively studied, and the 'suddenness' and date of its appearance are being debated (e.g. SINCLAIR 2003; CONARD 2003; HOLDEN 2004; HENSHILWOOD 2004). This has

*territorio (*land*). Recuerdo la importancia de los esquemas imaginarios (*schemata*) en cualquier tipo de construcción de artefactos, paisajes, etc.*[6]

De hecho, el homo sapiens *no es detectable sin la producción de herramientas por un lado u obras de arte, por el otro, y, en ambos casos, la necesaria existencia del «esquema mental» (o imagen) correspondiente. Esto ya ha sido ampliamente estudiado en antropología (e.g.* SINCLAIR *2003;* CONARD *2003;* HOLDEN *2004;* HENSHILWOOD *2004). Sin embargo, hay poco trabajo todavía en cuanto a los territorios construidos (*RAPOPORT *1979a, b, 1994).*

*En un libro reciente (*LOCK *y* PETERS *1999), se presentan los orígenes de los artefactos desde la psicología y la antropología. Pero poco dice del arte (*MITHEN *1996) y nada en relación al territorio construido como génesis de la capacidad simbólica del hombre. Existen, pues, campos de estudio vacíos y yo he sugerido empezar por la arquitectura en las especies animales, o por el uso de analogías.*

*Finalmente, recuerdo que indiqué que los «esquemas mentales» (o imágenes) son esquemas «compartidos» (*shared*) entre individuos. Si ahora me desplazo en este artículo de la psicología cognitiva a la sociología cognitiva y a la antropología cognitiva, estará claro que si los esquemas son compartidos, la cultura y la sociedad tendrán ya un papel predominante.*[7]

Cultura (y sociedad)

*Es evidente que la mente no se desarrolla en un individuo aislado, y, probablemente, no puede desarrollarse. La mente no puede desarrollarse fuera de un grupo social y su cultura (*RAPOPORT *2000b, 2002, 2003, 2004). Por ello queda «automáticamente» unificado el*

not yet been extended to built environments/cultural landscapes (but see RAPOPORT 1979a, b, 1994).

In a recent reference book, the editors, a psychologist and an anthropologist, assemble a wide range of disciplines (psychology, linguistics, physical and cultural anthropology, archaeology, dental science and medicine, education, biology, biotechnology, mathematics and social science) to review and unify material on the way toward a science of the origins and evolution of symbolic behavior (LOCK and PETERS 1999). Among the many topics covered, however, there is little on art (cf MITHEN 1996) and nothing on the built environment. This suggests interesting and important research directions for both EBS and these other fields – possibly starting with animal architecture as I have suggested elsewhere. In the meantime, the use of analogies might prove useful (see section on society/culture).

In discussing cultural landscapes, I emphasized the importance of *shared* schemata. We then move from the mind, as considered by psychology and cognitive science, to cognitive anthropology, i.e., to the study of cognition in culture/society. If schemata are shared, then society culture plays a role, unifying mind with those concepts.[7]

Culture (and Society)

It is, of course, a given that mind never develops in isolation – and probably cannot. Mind and its manifestations can only develop in the context of a human group, and groups can be defined by culture (RAPOPORT 2000b, 2002, 2003, 2004). This reinforces the link between these two entities at the most basic level; unification is 'automatic' and unavoidable (cf RAPOPORT 2000a).

The evolution of culture itself is being studied and, therefore, also the animal origins of culture, cognition, communication, sociability, altruism, empathy and complex behavior (e.g. BONNER cited in RAPOPORT 1990b; ANGIER

campo de la mente y de la sociedad (RAPOPORT 2000a).

El origen de la cultura ha sido estudiado y con él también la «cultura» en otras especies distintas del hombre (e.g. BONNER citado en RAPOPORT 1990b; ANGIER (2004) ALCOCK 1998, 2001; CARTWRIGHT 2001; HEINRICH 2004; DE WAAL 2001 a, b; HUMPHREY 1992; LOCK y PETERS 1999; MATSUZAWA 2003; MITHEN 1996; PENNISI 1999; PENNISI y ROUSH 1997; SEGERSTRALE y MOLNAR 1997; VOGEL 1999; WILLIAMS 1997). Por ejemplo, la importancia de la redundancia en la comunicación entre sociedad y medioambiente construido (RAPOPORT 1990a)[8] que yo he relacionado con la comunicación en animales (e.g. PORTAN y MARLER 1999). Insisto pues, en el interés de estudiar el origen del territorio en especies animales como parte de lo que Richard Dawkins define como «el fenotipo extendido» de las especies animales.

Como resultado de la progresiva unificación entre las ciencias cognitivas y los estudios sobre los orígenes y la evolución del hombre, ya se puede detectar el nuevo impulso de búsqueda de universales en el hombre (e.g. ALCOCK 2001; BARKOW, COSMIDES y TOOBY 1992; BETZIG 1997; BROWN 1991; CARTWRIGHT 2001; GOLDSMITH 1991; LOPREATO y CRIPPEN 1999; MAAS 1996; MILER 1986; PINKER 1997, 2002; SEGERSTRALE y MOLNAR 1997; WILLIAMS 1997; WILSON 1975 (2003), 1978, 1984; RAPOPORT 1990b, 2000a). Simultáneamente se detectan dimensiones culturales específicas de cada grupo social. Estas dimensiones pueden variar. Por ejemplo, yo creo que los procesos perceptivos son menos sensibles a la cultura que otros procesos (RAPOPORT 1977 y referencias a e.g. GIBSON, SEGALL et al.). En cambio, los procesos cognitivos, los evaluativos y los de toma de decisiones son cada vez más variables según la

(2004) ALCOCK 1998, 2001; CARTWRIGHT 2001; HENRICH 2004; DE WAAL 2001 a, b; HUMPHREY 1992; Lock and Peters 1999; MATSUZAWA 2003; Mithen 1996; Pennisi 1999; PENNISI and ROUSH 1997; SEGERSTRALE and MOLNAR 1997; VOGEL 1999; WILLIAMS 1997). As one example, the importance of redundancy in environmental communication which I have emphasized (RAPOPORT 1990a)[8] has its origins in animal communication (e.g. PORTAN and MARLER 1999). This work reinforces my suggestions elsewhere that it would be useful to study the evolution of the built environment from its origins, including the idea of even animal architecture as part of what Richard Dawkins has called the animal's 'extended phenotype'.

One result of this unification between evolutionary studies and cognitive science has been a renewed emphasis on human universals (e.g. ALCOCK 2001; BARKOW, COSMIDES and TOOBY 1992; BETZIG 1997; BROWN 1991; CARTWRIGHT 2001; GOLDSMITH 1991; LOPREATO and CRIPPEN 1999; MAAS 1996; MILER 1986; PINKER 1997, 2002; SEGERSTRALE and MOLNAR 1997; WILLIAMS 1997; WILSON 1975 (2003), 1978, 1984; cf RAPOPORT 1990b, 2000a). At the same time there are, of course, also cultural specifics (i.e., cultural differences), which may vary among different processes. Thus, for example, I suggested on the basis of work by psychologists that perception was least influenced by culture, hence rather invariant (RAPOPORT 1977 and references to e.g. GIBSON, SEGALL et al.), that cognition was more variable, and evaluation, preference and choice varied a great deal with culture. The invariance, (and hence veridicality) of perception has now been demonstrated (PESSOA 2004; Hasson et al. 2004). It would be useful to study the cultural variations in cognition, meaning, evaluation, affect etc. (see fn.5). Finally, there are also culturally specific expressions of human universals (RAPOPORT 2003, 2004, Figs. 37-39).

A well developed example of the latter is provided by recent work on rock art (LEWIS-WILLIAMS 2002a, b, c; CLOTTES and LEWIS-WILLIAMS 1998). This is based on neu-

cultura. La invariancia de la percepción ya está demostrada (PESSOA 2004; HASSON et al. 2004). También existen formas culturales específicas de los universales humanos (RAPOPORT 2003, 2004, Figuras 37-39).

Un ejemplo interesante es el estudio sobre el arte en las cuevas (LEWIS-WILLIAMS 2002a, b, c; CLOTTES y LEWIS-WILLIAMS 1998). Se basa en los estudios neurológicos a partir de un proceso mental universal de alteración de la consciencia, con profundas diferencias entre las pinturas rupestres de África o de Europa[9] (distintos esquemas mentales compartidos). Este tipo de aproximación científica podría aplicarse a los territorios construidos. Se podría argumentar que todas las mentes humanas usan «esquemas mentales» (schemata), pero que la especificidad de dichos esquemas dependen del grupo social en el que dichos esquemas de desarrollan, produciéndose así la diversidad de paisajes culturales antes citados. De una manera parecida, los mapas mentales se usan por todas las culturas humanas para orientarse, pero con enormes diferencias según el grupo social y su cultura. La cognición es culturalmente variable, pero también tiene aspectos invariables con expresiones específicas. Por ejemplo, existen siempre maneras de proteger la privacidad, pero se adaptan a las características sociales y culturales en las cuales se desarrollan. Por lo tanto, objetivos similares (obtener privacidad) se obtienen de distintas maneras (RAPOPORT 1977, esp. págs. 337-339, 2003 y 2004, Figura 40).

Al parecer, la modificación del territorio por los animales influye en su evolución, que, a su vez, está influenciada por la propia evolución. Así, la construcción de «nidos o lugares de vida de la especie» (VANDERMEER 2004; LELAND y ODING-SMEE 2000) es importante, puesto que en los humanos, el territorio

roscience research and posits a universal mental process, based on invariant brain processes, that result in altered states of consciousness. In certain cultures shamans enter into these states and their visions are expressed in culturally highly specific ways, e.g. in southern African rock paintings as opposed to those in Paleolithic Europe.[9] This approach could clearly be applied to built environments. Also, by analogy, one can then argue that all minds, among many attributes, use schemata but that their specifics depend on the group within which the minds developed – leading to the very different cultural landscapes discussed earlier. Similarly wayfinding, orientation and the use of cognitive maps are universals (and even non-human animals have them), but their specifics are highly variable among cultural groups, as an extensive literature makes clear. Cognition thus may be culturally variable but also has invariant aspects with specific expressions. One example shows that different mechanisms are used for achieving the human universal of the need for privacy (control over information flows), although that itself is defined in culturally specific terms. The result is that group privacy may be provided by apparently very different urban forms, which yet achieve the same goal (RAPOPORT 1977, esp. pp.337-339, 2003 and 2004, Fig 40).

It seems that animals' modification of the environment influences their evolution while, of course, influenced by it. This occurs through what has been called niche construction (the constructionist view in ecology (VANDERMEER 2004; LELAND and ODING-SMEE 2000). This is a very important realization because it most certainly applies even more in the case of humans, so that the cultural landscape and its elements can be seen as the much more highly elaborated human equivalent of niche construction in animals.

It is now generally accepted that the genome is affected by both inheritance and environmental influences, which together orchestrate complex behavior. This uni-

construido tiene, si cabe, más impacto en su evolución. Así, el territorio es, como antes lo he indicado, un «fenotipo extendido». El resultado es una interacción, en dos direcciones, entre genes y cultura: una co-evolución (BOYD y RICHERSON 1985; WILSON 1981, 1983; CAVALLI-SFORZA 2000; CAVALLI-SFORZA y FELDMAN 1981; CAVALLI-SFORZA et al. 1993).

El concepto de co-evolución es por tanto importante no solo en biología, sino en las EBS. Esto es así porque la construcción de lugares en el territorio tiene una componente ecológica de herencia intergeneracional, a través de la cual los organismos transforman través del territorio su propia descendencia biológica y social. Existe aquí una co-evolución ecológica, cultural y genética (land, society and mind) que apunta a un mecanismo que retrocede quizás hasta las especies no-humanas. MITHEN (1996), relaciona la psicología evolutiva y la arqueología cognitiva con el desarrollo humano (ver RENFREW y ZUBROW 1994) y luego con el desarrollo del arte y la tecnología. Este mismo autor insiste en la importancia de las «esquemas mentales» en el desarrollo humano. De este modo, modifica otras teorías (e.g. PINKER 1997; BARKOW, COSMIDES y TOOBY 1992). Yo sugiero que los paisajes culturales forman parte de esta covariancia.

En el debate entre naturaleza y cultura, también entra el papel del territorio construido. En mis trabajos previos ya he descrito el papel excepcional del territorio construido en situaciones culturales excepcionales (RAPOPORT 1988, 1990a (epílogo, 1995d (1990)). Tanto el territorio construido como todas las tecnologías incluidas en el mundo III de Karl Poppe, influyen muchísimo en la herencia cultural que transmitimos a nuestros hijos (RAPOPORT 1978). Existirían, por tanto, tres modos de transmitir

fies biology (genetics, molecular biology, neuroscience, evolutionary science) and behavior (the social and behavioral sciences). Moreover, the cultural landscape (in my definition – i.e. including all of material culture) is, as already mentioned, what Dawkins calls the extended phenotype and, as such, is part of humans. The result is gene/culture co-evolution (BOYD and RICHERSON 1985; WILSON 1981, 1983; CAVALLI-SFORZA 2000; CAVALLI-SFORZA and FELDMAN 1981; CAVALLI-SFORZA et al. 1993).

It follows that the concepts of niche construction and gene/culture co-evolution are important not only for biology but also for the social and behavioral sciences and EBS. This is because it allows for a form of ecological inheritance, whereby organisms modify the environment in ways that then modifies their offspring. There is then genetic, ecological and cultural evolution with niche construction as one possible mechanism going back to non-human animals. MITHEN (1996) links evolutionary psychology and human development with archaeology generally and cognitive archaeology specifically (see RENFREW and ZUBROW 1994) and then with the development of art, complex technology and science. He emphasizes the important role of schemata in the development of the cognition of modern humans (discussed earlier). Through this he modifies theories about the modularity of mind (e.g. PINKER 1997; BARKOW, COSMIDES and TOOBY 1992). My suggestion is that involved in these processes is the cultural landscape and its components.

The developments bear on the nature/nurture debate providing nurture partly *via the built environment*. I have emphasized the importance of this function of environments in particular contexts (RAPOPORT 1988, 1990a (epilogue), 1995d (1990)). The built environment and Popper's World III generally (material culture and information storage technologies (starting with writing)) constrain and guide human action and play an important role in the acculturation of children. (RAPOPORT 1978) One can

la herencia: genes, «memes» (entre sujetos) y artefactos (de nuevo «mind, society and land» (Aunger 2000, p. 228).[10]

Yo he escrito mucho sobre cultura y su impacto en el diseño. He enfatizado el pequeño tamaño de los grupos sociales con cultura específica, y el enorme tamaño de grupos sociales según lengua, estilo de vida, etc, que actúan como pseudo-especies (cf PAGEL y MACE 2004). Siempre me ha parecido raro que esto sea así a partir de diferencias genéticas imperceptibles, pero estudios recientes ya dan razón también de esta variabilidad (e.g. MONACO 2004).

Todo este enorme cúmulo de trabajos ya tiene síntesis previas (RAPOPORT 2003, 2004), por lo que no me extiendo más. Recuerdo que al discutir sobre la «mente» tuve que discutir sobre grupos; que al discutir sobre grupos tuve que discutir sobre las mentes de los individuos del grupo y de su capacidad de «compartir» «esquemas mentales» entre los miembros del grupo. Los dos términos, pues, mente y cultura, se unifican de forma inmediata y necesaria. Debemos saber, obviamente, cómo interactúan la mente y la cultura, pero hemos visto que existen numerosas disciplinas que lo están analizando.

Territorio

El «paisaje primario» (antes del hombre) nos abre posibilidades, pero también nos plantea problemas acerca de qué hemos de hacer con el territorio. Lo que podemos hacer depende de la cultura y de sus valores y tecnología. Sin embargo, muchas veces los valores expresados en religión, filosofía, etc. no se aplican (e.g. MCNEILL 2004 sobre China). También ocurre que avances tecnológicos que permitirían modificar el territorio se encuentran con el trabajo en masa de miles de trabajadores que lo modifi-

then think of three forms of inheritance: genes, memes and artefacts. (AUNGER 2000, p.228).[10]

I have had much to say over the years about culture in general and how it can be used in analysis and design.) I have emphasized the small size of cultural groups and hence their large number in terms of lifestyle, language etc., which act much like 'pseudospecies' (cf PAGEL and MACE 2004). This has always been rather puzzling given the minimal genetic variation among human groups, but new research is beginning to explain that also (e.g. Monaco 2004). I have also dealt with the resulting variability of environments.

Much of this work and its conclusions has recently been synthesized (RAPOPORT 2003, 2004) and there is no need to say much more about culture. It is important, however, to reiterate that in discussing mind we must also discuss groups; in discussing groups we are concerned with the minds of members of these groups and the schemata they share. The two topics, 'mind' and 'culture' are linked automatically and seamlessly – the unification is immediate. Of course, one needs to know exactly how 'mind' and 'culture' interact but, as we have already seen, this is being studied by many disciplines, and there is available a large literature already cited.

Land

The 'primeval landscape', from which human action creates cultural landscapes, provides both possibilities and constraints on what can be done. Whether what can be done is actually done depends on the culture concerned, its values and its technology. However, values as *expressed* in religion, philosophy and literature are not always followed in the actions taken (e.g. MCNEILL 2004 on China). Also, although technological advances generally make possible more modification of the land, massive labor forces have often been able to equal mechanized technology. This has been the case in ancient China and Egypt; other examples

can con la misma velocidad que los avances tecnológicos. Así ocurrió en China y en Egipto y en Zimbabwe (RAPOPORT 1990a). En estas situaciones de masificación, es fácil compararlas con casos del reino animal (ZAHAVI y ZAHAVI 1997), llegando a una unificación sorprendente. Se podrían analizar cambios en el tiempo, así ocurre con los estudios de historia de los paisajes culturales.

El «paisaje primigenio» es diverso en el Sáhara o la sabana. No soy experto, pero podrían seleccionarse algunos aspectos ya analizados. Por ejemplo, los aspectos fijos de la topografía y la geomorfología, clima, agua, etc. Elementos semifijos son la vegetación, el tiempo, el viento, etc. No fijos son el olor, los animales, las nubes, etc. Una lista más completa puede encontrarse en RAPOPORT 1992.

Dentro de la discusión actual, los paisajes culturales unifican la mente y la cultura, a través del mecanismo de la acción, o sea, de la toma de decisiones entre alternativas determinadas por reglas más o menos compartidas entre los individuos de un grupo social. Estas acciones modifican el territorio y expresan así los ideales, valores y «esquemas mentales» propios de los actores. Cómo la acción se produce es una cuestión muy antigua (MILLER, GALLANTER y PRIBRAM 1960) que hoy puede estudiarse mejor a través de los distintos modos de «simulación» (la llamada tercera rama de la ciencia, además de la práctica y de la teoría). Por ejemplo, yo he sugerido ver qué paisaje resulta si se aplican unas reglas concretas (RAPOPORT 1992, 1993b en relación al mundo islámico en HAKIM (1986, 1994) y AKBAR (1988); también hecho en HAKIM 2001, ARREOLA y CURTIS 1993; JAPR 2002; y muchos más). La simulación puede experimentar hipótesis y ver hasta qué punto cada grupo de reglas produce un paisaje cultural específico.

are Maya projects, great Zimbabwe and others (RAPOPORT 1990a). In the case of such monumental projects another field – evolution – can provide animal analogues through the «handicap principle» (ZAHAVI and ZAHAVI 1997) – a most surprising unification. Changes to the land over time can be studied, and a new field of landscape history is developing.

The 'primeval landscape', the land, has its own set of attributes, which characterizes and clearly distinguishes, for example, the Sahara, Amazonia and Patagonia. The nature and origins of these attributes is not my field and has been extensively studied by a number of disciplines; I will have little to say about this topic. It is, however, possible to list some of these attributes. For example, among fixed features are topography and geomorphology, climate and its effects, the presence and types of water features etc. Semi-fixed features include plants, weather, light levels, seasonality, air-movement etc. Non-fixed features include animals and their sounds/or their absence), cloud conditions, smells etc.(for a more complete listing see RAPOPORT 1992, p. 278). All of these attributes, when modified by human actions, create the cultural landscape and its ambience (RAPOPORT 1992, pp. 276-280).

In terms of the present discussion, cultural landscapes unify mind and culture through the mechanism of action — choices among alternatives made by following rules. These modify the land, reflecting the ideals, values, images and schemata of the group. How action follows from the (a question raised as early as 1960 (MILLER, GALLANTER and PRIBRAM 1960)) can now be studied, a useful approach being provided by various forms of simulation (recently described as 'the third branch of science'). For example, I have proposed that, where the rules have been identified, simulation could test whether they produce the expected landscapes (RAPOPORT 1992, 1993b regarding the work on Islamic cities by HAKIM (1986, 1994) and AKBAR (1988); this could also be done for HAKIM (2001); for ARREOLA and CURTIS 1993; *JAPR* 2002, and many others). Simulation is able to identify

Una simulación interesante para las EBS es la que simula las agrupaciones en el territorio de la población (GILBERT 2000; cf RAPOPORT 1977, 1983, 1993a, 1997b) o la creación de paisajes culturales en el pasado y su posible evolución (e.g. KENNEDY y EBERHART 2001; GUMERMAN 1988; GUMERMAN y GELL-MANN 1994; KOHLER y GUMERMAN 2000; LEHNER 2000).

Como resultado, puede estudiarse cómo la mente, a través de «esquemas mentales» compartidos culturalmente gracias a ideas, imágenes, etc., comunes, conduce a la acción y a la toma de decisiones productoras de un paisaje cultural. Este paisaje, a su vez, proporciona asentamientos para la vida humana y afecta no solo a las actividades, sino a los caracteres, actitudes, afectividades, etc. (una vez más a través de la mente y de sus contenidos culturales). Los paisajes culturales pueden afectar la evolución en sí misma. El resultado global es una gran unificación constituida de unificaciones horizontales dentro de las disciplinas y de unificaciones verticales, entre disciplinas.

Aunque todo ello sea útil, solamente es un primer paso en busca de una unificación teórica en el campo de las EBS.

Conclusión

Yo considero que diseñar es identificar un problema y resolverlo gracias a los últimos descubrimientos sobre el conocimiento humano (RAPOPORT 1995a b, c). Así pasamos del campo de la ciencia –entender el mundo– al del diseño –cambiar el mundo–, lo cual exige una normativa. Pero este no es el objetivo de este artículo.

En las páginas precedentes he insistido una y otra vez en la necesidad de conocer los últimos desarrollos en las cien-

mechanisms and rule systems and hence create a wide range of 'possible worlds' and thereby test and generate hypotheses.

One important form of simulation, agent based modellings has, in fact, been applied to various topics of interest to EBS, for example the clustering of groups (GILBERT 2000; cf RAPOPORT 1977, 1983, 1993a, 1997b); the creation of past cultural landscapes and changes in them, using archaeological data (e.g. KENNEDY and EBERHART 2001; GUMERMAN 1988; GUMERMAN and GELL-MANN 1994; KOHLER and GUMERMAN 2000; LEHNER 2000).

As a result it is becoming possible to study the process of how mind, through culturally shared schemata which embody ideals, images etc., leads to action via rule-based choices which lead to cultural landscapes. These, in turn, provide the settings for human life and influence not only activities but affect, mood etc. (again via mind and its (partially cultural) contents). Cultural landscapes may also, as we have seen, affect evolution itself. The result is an overall unification based on unifications within domains and disciplines (horizontal unification) and across domains and disciplines (vertical unification).

Useful and important as this is it is, however, only a stage to the ultimate goal of developing explanatory theory of EBR.

Conclusion

I view design as problem identification followed by problem solving through applying the latest research-based knowledge (RAPOPORT 1995a, b, c). One moves from the goal of science – understanding the world – to the goal of design – changing it (for the better) which involves introducing normative criteria. But that is a different topic.

Throughout this paper, I have emphasized the critical importance of using the latest research for unification.

cias humanas y en todas las ciencias, para poder realizar una unificación correcta en el campo de las EBS. Dado el extremo dinamismo científico de hoy en día, nadie puede estar «perfectamente» al día. No existen ciencias perfectas. Lo que hemos de exigir es el uso del "estado de la cuestión" en la práctica del diseño. La primera pregunta sería por qué hoy parece interesar más la investigación que hace unos años, y yo creo que existen claras razones que lo explican (RAPOPORT 1995c, p. 39).

Además, lo que yo defino como modelo de decisión del diseño (o proyecto) se puede aplicar a los paisajes culturales y al trabajo profesional –otro campo por unificar–. Existen, sin embargo, grandes diferencias sobre quién decide, con qué escala (selección versus instrucción), con qué criterios básicos, etc. (RAPOPORT 2003 y 2004, figuras 29-33).

Pero el diseño, como profesión basada en la ciencia, es capaz por tanto de tener teoría y, todavía mejor, debería ser capaz de unificar y sintetizar categorías y escalas de trabajo diversas, una vez existiese una teoría explicativa del diseño, y el planteamiento entre teorías podría unificar todavía más (e.g. ALTMANN 2002; BECHTEL 1986). Todo ello es un buen ejemplo de la concurrencia (consilience), término que se debe a Whewell en el siglo XIX y revisitado hoy (WILSON 1988; DAMASIO et al. 2001). La concurrencia (consilience) puede existir entre teorías, entre términos o entre campos de conocimiento.

Esta es una tarea enorme, que aquí solo he mostrado a un nivel elemental.[11]

Notas

1. *Algunos ejemplos incluyen (entre muchos): un nuevo centro para el estudio de la complejidad biológica (Virginia Commonwealth University); centros para la biología inte-*

Since there will always be changes as research findings change, new disciplines emerge and contribute and as new theories emerge, it is not a question of using 'perfect' knowledge (there is no such thing). All that can be expected is that best available (state-of-the-art) research will be used. One can ask, however, why research has suddenly become so important to environmental design when it did not seem to be so in the past, and good reasons can be given for this change (RAPOPORT 1995c, p.39)

At the same time, what I call the choice model of design applies equally in the creation of cultural landscapes and current professional design — another unification. There are however major differences in who makes the choices, the criteria used the time scale involved (selectionism vs. instructionism), the starting set of options considered etc. (Rapoport 2003 and 2004, Figs. 29-33)

But design, as a science-based profession able to use research must have theory and, before that, unify and synthesize at all levels, scales and disciplines. Once explanatory theory is available, intertheory support can provide an even stronger form of unification (e.g. ALTMANN 2002; BECHTEL 1986). All this is an example of consilience, at term proposed by WHEWELL) in the 19th c and recently revived (WILSON 1988; DAMASIO et al. 2001). Consilience can exist among terms, concepts, disciplines, theories and domains.

That is a grand undertaking. This paper has tried to show, in a small and simple way, how one can begin to unify, how relatively easy it is, how much diverse material a relatively short paper can unify.[11] This paper also shows how many interesting insights, ideas and research questions suggest themselves. To start, however, we need to change our priorities – and the way we think.[12]

grativa; Neurociencia teórica; el Centro para la Síntesis Ecológica y Evolutiva (Universidad de Oslo); Congreso de investigación sobre la sintetización de la genética y de la conducta; Simposio sobre la neurociencia afectiva/la neurobiología de la emoción; el estudio de sistemas complejos en el Instituto Santa Fe; nuevos campos como el «evo-devo», que integra la evolución y el desarrollo (PENNISI y ROUSH 1997).

2. También queda la posibilidad de que estas diferentes reacciones se deben a las «formas» involucradas: los paisajes «naturales» son irregulares y fractales, a diferencia de la regularidad de (especialmente) los paisajes urbanos contemporáneos, aunque lo regional podría ser diferente (e.g. WOHLWILL 1983)). Si esto es cierto, nos proporciona otra unificación potencial importante.

3. Lo mismo se podría (y se debería) hacer por la percepción (RAPOPORT 1977, Cap. 4), la evaluación y la preferencia (Cap. 5) y otros temas. Por ejemplo, la distinción que hago entre la percepción, la cognición, el afecto y la acción parece estar apoyada, en parte (e.g. GANEL y GOODALE 2003), pero requeriría más investigación.

4. Esta investigación (PESSOA 2004; HASSON et al 2004) se realizó utilizando una película. Mostró que la percepción es marcadamente invariante (es decir, verídica, como siempre dijo Gibson). También mostró que se usan diferentes áreas del cerebro para procesar caras, texturas y conductas, y escenas exteriores (incluyendo los edificios). Aquí se nos plantea la pregunta sobre dónde y cómo ocurre la integración (e.g. RAO et al. 1997; LOGOTHETIS 1999). Sería útil realizar estudios similares usando entornos diferentes y también realizarlos de manera intercultural.

Notes

1. Some examples include: (among many others) a new center for the study of biological complexity (Virginia Commonwealth University): Centers for Integrative biology. Theoretical neuroscience; the Centre for Ecological and Evolutionary Synthesis (University of Oslo); A Winter-Spring 2004 Gordon Research Conference on Synthesizing genetics and behavior; The Wisconsin Symposia on affective neuroscience/the neurobiology of emotion; The Santa Fe Institute studying complex systems; New fields such as 'evo-devo', which integrate evolution and development (PENNISI and ROUSH 1997).
2. There is also a possibility that these different reactions may be due to the 'shapes' involved: 'Natural' landscapes are irregular and fractal as opposed to the regularity of (especially) contemporary townscapes (although vernacular may be different (e.g. WOHLWILL 1983)). If true, this provides another potential major unification.
3. The same could (and should) be done for perception (RAPOPORT 1977, Ch. 4), evaluation and preference (Ch. 5) and other topics. For example a distinction I make among perception, cognition, affect and action seems to be partly supported (e.g. GANEL and GOODALE 2003), but would merit further investigation.
4. This research (PESSOA 2004; HASSON et al. 2004) was done using a movie. It showed that perception is remarkably invariant (i.e. veridical, as GIBSON always argued). It also showed that different areas of the brain are used to process faces, textures and pattern, and outdoor scenes (including buildings). This raises the question of where and how integration occurs (e.g. RAO et al. 1997; LOGOTHETIS 1999). It would be useful to do similar studies using different environments and also to do them cross-culturally.
5. There seems to be some recent developments, which seem significant and give grounds for cautious optimism. One is this congress. A second is a plenary session at the 2004 EDRA conference just finished (which I did not attend) on «Neuroscience in Architecture: Renewing the frontier spirit of environmental design Research». The third is the recent establishment, in San Diego, CA of an Academy of Neuroscience in Architecture, and a collaboration, in the U.S. between the General Services Administration, the American Institute of Architects and the National Institutes of Health, on evaluation systematically the effects of built environments on people (BONETTA 2003, p. 720).
6. Note that I developed my 'choice model of design' based on a description by Tames Deetz of the formation of pottery. Note also that in my 'blurb' on the back cover of NORMAN (1988) I suggested how similar were the processes involved at the scale of industrial design and cultural landscapes.
7. Note that in my discussion I will substitute 'culture' for 'society' because I believe that culture is more basic, and find it useful to deal with society and societ al. specifics as expressions (or an aspect) of culture, as in my dismantling of culture (RAPOPORT 2000b, 2003, 2004, Figs. 43-45).
8. As I was completing the final draft of this paper I cam across an article describing another step in identifying human/chimpanzee differences (of GIBBONS 1998). This describes a detailed comparison of the chimpanzee chromosome 22 and its human equivalent (chromosome 21): The International Chimpanzee Chromosome Consortium (2004) "DNA sequence and comparative analysis of chimpanzee chromosome 22", Nature, Vol. 429, Issue 6 990 (27 May), pp 382-388.
9. This also unifies two painting traditions widely separated in space and time. It might also be possible to link those two to others,

5. *Parece ser que hay nuevos desarrollos, a primera vista significativos, que dan lugar a un optimismo prudente. Uno es esta revista. Otro es una sesión plenaria de la conferencia EDRA en 2004 sobre «Neurociencia en la arquitectura: renovando el espíritu fronterizo de la investigación sobre el diseño medioambiental». Y también el comienzo del* Academy of Neuroscience in Architecture *en San Diego, California, y una colaboración en los EE UU entre* General Services Administration, *the* American Institute of Architects *y* National Institutes of Health, *sobre la evaluación sistemática de los efectos de los entornos construidos sobre las personas (BONETTA 2003, pág. 720).*
6. *He desarrollado mi «modelo de tomar decisiones a través del diseño» basado en la descripción de Tames Deetz sobre la formación de la cerámica. También en mi «propaganda», en la tapa trasera del libro de Norman (1988) sugerí, la similitud de los procesos involucrados en el diseño industrial y de los paisajes culturales.*
7. *Substituiré «cultura» por «sociedad» porque creo que la cultura es más básica, y encuentro útil tratar con la sociedad y con las especificidades de la sociedad como expresiones (o aspectos) de la cultura, como se precisó en mi desmantelamiento de la cultura (RAPOPORT 2000b, 2003, 2004, figuras 43-45).*
8. *Al acabar el borrador final de este artículo, reparé en un texto que describía otro paso en la identificación de las diferencias entre los humanos y los chimpancés (de Gibbons 1998). Describe una comparación detallada del cromosoma 22 del chimpancé y su equivalente humano (cromosoma 21):* The Internacional Chimpancé Chromosoma

e.g. Aboriginal Australia and the Americas (cf RAPOPORT 1990b, pp.75-80)
10. Accepting, for the moment the concept of memes (BLACKMORE 1999; AUNGER 2000).
11. Note the large number of diverse references (already significantly reduced) relative to the fairly short paper.
12. There is another problem if and when one tries to use research findings – there is soon too much information. This is now happening in many fields of science. There are basically two ways of dealing with that problem, which are complementary. One is the development of databases, information science approaches etc. (e.g. the development of bioinformatics as a possible example). Our field badly needs this. The second is the development of explanatory theory, in fact, without theory the first cannot work. Theory is still the most useful and, therefore, unification and synthesis are critical.

Bibliographie

AKBAR, J. (1988): *Crisis in the built Environment (The Case of the Muslim City).* Singapore: Mimar Books.
ALCOCK, J. (1998): *Animal Behavior (An Evolutionary Approach).* Sunderland, MA: Sinauer Associates (6th ed.).
ALCOCK, J. (2001): *The Triumph of Sociobiology.* New York: Oxford University Press.
ALTMANN, S. L. (2002): *Is Nature Supernatural? (A Philosophical Exploration of Science and Nature).* Amherst, New York: Prometheus Books.
ANGIER, N. (2004): «No Time for Bullies: Baboons Retool their Culture». *New York Times,* April 13.
ARREOLA, D.D. and CURTIS, J.R. (1993): *The Mexican Border Cities (Landscape Anatomy and Place Personality).* Tucson: University of Arizona Press.
AUNGER, R. (Ed.) (2000): *Darwinizing Culture: The Status of Memetics as a Science.* New York: Oxford University Press.
BARINAGA, M. (1996): «Researchers find Neurons that may help us navigate». *Science* Vol. 272, No. 5281 (13 Sept.), pp. 1489-1490.
BARKOW, J.H.; COSMIDES, L. and TOOBY, J. (Eds.) (1992): *The Adapted Mind (Evolutionary Psychology and the Generation of Culture).* New York: Oxford University Press.
BAUMGARTNER, P. and PAYR, S. (Eds.) (1995): *Speaking Minds (Interviews with Twenty Eminent Cognitive Scientists).* Princeton, New Jersey: Princeton University Press.
BECHARA, A. et al. (1997): «Deciding advantageously before knowing the advantageous strategy», *Science* Vol. 275, No. 5304 (28 Feb.), pp. 1293-1295.
BECHTEL, W. (Ed.) (1986): *Integrating Scientific Disciplines.* Dordrecht: Martinus Nijhoff Publishers.
BERNS, G.S. et al. (1997): «Brain Regions Responsive to Novelty in the Absence of Awareness». *Science* Vol. 276, No. 5316 (23 May), pp. 1272-1275.
BETZIG, L. (Ed.) (1997): *Human Nature: A Critical Reader.* New York: Oxford University Press.
BLACKMORE, S. (1999): *The Meme Machine.* Oxford: Oxford University Press.
BLAKESLEE, S. (1996): «Using Rats to Trace Anatomy of Fear; Biology of Emotion». New York Times (Nov. 5).
BONETTA, L. (2003): «Do you want to work here?». *Nature* Vol. 424, Issue 6 950 (14 Aug.), pp. 718-720.

osome Consortium (2004) *«DNA sequence and comparative análisis of chimpancé chromosome 22»*, Nature, *Vol. 429, Número 6990 (27 mayo), págs 382-399.*

9. *Esto también une dos tradiciones de pintura ampliamente separadas en el espacio y en el tiempo. También sería posible conectar estas dos con otras, por ejemplo la Australia de los aborígenes y las Américas (RAPOPORT 1990b, págs. 75-80).*

10. *Aceptando por el momento el concepto de memes (BLACKMORE 1999; AUNGER 2000).*

11. *Consideren el gran número de referencias (ya considerablemente reducido) en este texto relativamente corto.*

12. *Hay otro obstáculo al intentar aplicar los resultados de las investigaciones: se dispone en seguida de demasiada información. Esto ocurre hoy en muchos campos de las ciencias. Básicamente hay dos maneras de tratar con este problema que son complementarias. Una es el desarrollo de bases de datos, de los enfoques de las ciencias de información, etc. (por ejemplo, el desarrollo de la bioinformática). La segunda es el desarrollo de la teoría explicativa; de hecho, sin la teoría la primera no funciona. La teoría aún es la más útil y, por lo tanto, la unificación y la síntesis son críticas.*

BOYD, R. and RICHERSON, P. (1985): *Culture and the Evolutionary Process.* Chicago: University of Chicago Press.

BROWN, D. E. (1991): *Human Universals.* Philadelphia: Temple University Press.

CALVIN, W. H. and BICKERTON, D. (2000): *Lingua ex Machina (Reconciling Darwin and Chomsky with the Human Brain).* Cambridge, Massachusetts: Bradford Books/MIT Press.

CARTWRIGHT, J. (2001): *Evolution and Human Behavior.* Cambridge, Massachusetts: MIT/Bradford Books.

CAVALLI-SFORZA, L. L. (2000): *Genes, Peoples and Languages.* New York: North Point Press.

CAVALLI-SFORZA, L. L. and FELDMAN, M. W. (1981): *Cultural Transmission and Evolution: A Quantitative Approach.* Princeton: Princeton University Press.

CAVALLI-SFORZA, L. L. et al. (1993): «Demic Expansions and Human Evolution». *Science* Vol. 259, No. 5095 (Jan. 29), pp. 639-646.

CHALMERS, D. J. (1996): *The Conscious Mind (In Search of a Fundamental Theory).* New York: Oxford University Press.

CHANGEUX, J-P (2004): «Clarifying Consciousness». Review of C. Koch (2004) *The Quest for Consciousness: A Neurobiological Approach.* Englewood, CO., Roberts, and of G.M. Edelman. (2004) *Wider than the Sky; The Phenomenal Gift of Consciousness*, New Haven, Yale University Press; Nature Vol. 428 Issue 6983 (8 April), pp. 603 – 604.

CHO, Y. H. et al. (1998): «Abnormal Hippocampal Spatial Representations in CaMK II ^{286A} and CREB $^{A-}$ Mice" Science, Vol. 279, No. 5352 (6 Feb.), pp. 867 – 873.

CHURCHLAND, P. M. (1995): *The Engine of Reason, the Seat of the Soul (A Philosophical Journey into the Brain).* Cambridge, Massachusetts: MIT Press/Bradford Books.

CHURCHLAND, P. S. (2000): *Neurophilosophy (Toward a Unified Science of the Mind/Brain),* Cambridge. Massachusetts: MIT Press/Bradford Books.

CLOTTES, J and LEWIS-WILLIAMS, D. (1998*):* The Shamans of Prehistory (Trance and Magic in the Painted Caves). New York: Harry N. Abrams.

CONARD, N. J. (2003): «Paleolithic Ivory Sculptures from Southwestern Germany and the Origins of Figurative Art». *Nature* Vol. 426, Issue 6 968 (18/25 Dec.), pp. 830-832.

COX, D. et al. (2004): «Contextually Evoked Object-Specific Responses in the Human Visual Cortex». *Science* Vol. 304, No. 5 667 (2 April), p. 115.

DAMASIO, A. R. (1994): *Descartes' Error (Emotion, Reason and the Human Brain),* New York: G.P. Putnam's Sons.

DAMASIO, A. R. (1999): *The Feelings of What Happens (Body and Emotion in the Making of Consciousness).* New York: Harcourt Brace & Co.

DAMASIO, A. R. (2001): «Emotion and the Human Brain», in DAMASIO, A. R. et al. (Eds.): *Unity of Knowledge.* New York: NY Academy of Sciences, pp. 101-106.

DAMASIO, A. R. (2003): «The Person Within». *Nature* Vol. 423, Issue 6 937 (15 May), p. 227.

DAMASIO, A. R. et al. (Eds.) (2001*):* Unity of Knowledge (The Convergence of Natural and Human Science). Annals, New York Academy of Sciences, Vol. 935

DENNETT, D. C. (1995): *Darwin's Dangerous Idea (Evolution and the Meanings of Life).* New York: Simon and Schuster.

DENNETT, D. C. (2003): *Freedom Evolves.* New York: Viking.

DE WAAL, F. B. M. (Ed.) (2001a): *Tree of Origin (What Primate Behavior Can Tell Us About Human Social Evolution).* Cambridge, Massachussets: Harvard University Press.

DE WAAL, F. (2001): *The Ape and the Sushi Master, (Cultural Reflections of a Primatologist)*. New York: Basic Books.
DRETSKE, F. (1988): *Explaining Behavior (Reasons in a World of Causes)*. Cambridge, Massachusetts: Bradford Books/MIT Press.
DRETSKE, F. (1995): *Naturalizing the Mind*. Cambridge, Massachussets: MIT Press/Bradford Books.
EKSTROM, A.D. et al. (2003): «Cellular Networks Underlying Human Spatial Navigation». *Nature* Vol. 425, Issue 6 954 (11 Sept.), pp. 184-187.
EVANS, D. (2001): *Emotion (the Science of Sentiment)*. Oxford: Oxford University Press.
FISCHBACH, G. D. (1994): «Mind and Brain». A *Scientific American* special Report. San Francisco: W.H. Freeman.
GANEL, T. and GOODALE, M. A. (2003): «Visual Control of Action but not Perception requires Analytical Processing of Object Shape». *Nature* Vol. 426, Issue 6 967, (11 Dec.), pp. 664-667.
GIBBONS, A. (1998): «Which of our genes make us human?». *Science* Vol. 281, No. 5 383, (4 Sept.), pp.1432-1434.
GILBERT, N. (2000): «Modeling Sociality: The View from Europe», in KOHLER, T.A. and GUMERMAN, G. J. (Eds.): *Dynamics in Human and Primate Societies*. New York: Oxford University Press, pp. 355-371.
GOLDSMITH, T. H. (1991): *The Biological Roots of Human Nature (Forging Links Between Evolution and Behavior)*. New York: Oxford University Press.
GOLLEDGE, R. G. (Ed.) (1999): *Wayfinding Behavior (Cognitive Mapping and other Spatial Processes)*. Baltimore: Johns Hopkins University Press.
GUMERMAN, G. J. (Ed.) (1988): *The Anasazi in a Changing Environment*, New York: Cambridge University Press.
GUMERMAN, G. J. and GELL-MANN, M. (Eds.) (1994): *Understanding Complexity in the Prehistoric Southwest* (Vol. XVI of Santa Fe Institute Studies in the Sciences of Complexity). Reading, Massachusetts: Addison-Wesley.
HAGGARD, P. (2004): «Seeing through the Stream of Consciousness», Review of C. Koch (2004): *The Quest for Consciousness (A Neurobiological Approach)*. Englewood, CO, Roberts. *Science* Vol. 304, No. 5667 (2 April), p. 52-53.
HAKIM, B. S. (1986): *Arabic-Islamic Cities (Building and Planning Principles)*. London: KPI.
HAKIM, B. S. (1994): «The 'Urf' and its role in diversifying the architecture of traditional Islamic cities». *Journal of Architectural and Planning Research* Vol. 11, No. 2 (Summer), pp. 108-127.
HAKIM, B. S. (2001): «Julian of Ascalon's Treatise of Construction and Design Rules from Sixth-Century Palestine». *Journal of the Society of Architectural Historians* Vol. 60, No. 1, pp. 4-25.
HARRINGTON, A. et al. (2001): «Science, Culture, Meaning, Values: A dialogue», in DAMASIO, A.R. et al. (Eds.): *Unity of Knowledge*. New York: NY Academy of Sciences, pp. 233-257.
HASSON, U. et al. (2004): «Intersubject Syndromization of Cortical Activity during Natural Vision». *Science* Vol. 303, No. 5 664 (12 March), pp.1634-1640.
HE, S. et al. (2003): «Seeing more clearly: Recent Advances in Understanding Retinal Circuitry». *Science* Vol. 302, No. 5 644 (17 Oct.), pp. 408-411.
HECKENBERGER, M. J. et al. (2003): «Amazonia 1492: Pristine Forest or Cultural parkland». *Science*, Vol. 301, No. 5 640 (19 Sept.), pp. 1710-1713.
HENRICH, J. (2004): «Inequity Aversion in Capuchins». *Nature* Vol. 428, Issue 6 979 (11 March), p. 139.

HENSHILWOOD, C. et al. (2004): «Middle Stone Age Shell Beads from South Africa». *Science* Vol. 304, No. 5 669 (16 April), p. 404.

HOLDEN, C. (2004): «Oldest Beads Suggest Early symbolic Behavior». *Science* Vol. 304, No. 5 669 (16 April), p. 369.

HOLLOWAY, M. (1999): «The Ascent of Scent». *Scientific American* Vol. 281, No. 5 (Nov.), pp. 42-44.

HUMPHREY, N. (1992): *A History of the Mind (Evolution and the Birth of Consciousness)*. New York: Simon and Schuster.

JOLLY, A. (2004): «Love, Actually». Review of H. Fisher (2004): *Why We Love: the Nature and Chemistry of Romantic Love*. *Nature* Vol. 427, Issue 6 973 (29 Jan.), pp. 396-397. *Journal of Architectural and Planning Research* (2002), Special issue on Ethnic Landscapes, Vol. 19, No. 4 (Winter).

KANDEL, E.R. and SQUIRE, L.R. (2001): «Neuroscience: Breaking down Scientific Barriers to the Study of Brain and Mind», in DAMASIO, A.R. et al. (Eds): *Unity of Knowledge*. New York: NY Academy of Sciences, pp.118-135.

KASTNER, S. et al. (1998): «Mechanisms of Directed Attention in the Human Extrastriate Cortex as Revealed by Functional MRI». *Science* Vol. 282, No. 5 386 (2 Oct.), pp.108-111.

KENNEDY, J. and EBERHART, R.C. (2001): *Swarm Intelligence*. San Francisco: Morgan Kaufmann Publishers.

KOECHLIN, E. et al. (2003): «The Architecture of Cognitive Control in the Human Prefrontal Cortex». *Science* Vol. 302, No. 5648 (14 Nov.), pp.1181-1185.

KOHLER, T.A. (2000): «Putting Social Sciences together again: An introduction to the Volume», in KOHLER, T. A. and GUMERMAN, G. J. (Eds.): *Dynamics in Human and Primate Societies*. New York: Oxford University Press, pp.1-18.

KOHLER, T.A. and GUMERMAN, G.J. (Eds.) (2000): *Dynamics in Human and Primate Societies (Agent-based modeling of Social and Spatial Processes)*. New York: Oxford University Press.

KOSSLYN, S. M. (1980): *Image and Mind*. Cambridge, Massachusetts: Harvard University Press.

KOSSLYN, S. M (1983): *Ghosts in the Mind's Machine (Creating and Using Images in the Brain)*. New York: Norton.

KOSSLYN, S. M. (1994): *Image and Brain (the Resolution of the Imagery Debate)*, Cambridge, Massachussets: MIT Press/Bradford Books.

KUHL, P. K. et al. (2001): «Language/culture/mind/brain: Progress at the margins between disciplines», in DAMASIO, A.R. et al. (Eds.): *Unity & Knowledge*. New York: NY Academy of Sciences, pp.136-174.

LAURANCE, W. F. (2004): «Pervasive Alteration of Tree Communities in Undisturbed Amazonian Forests». *Nature* Vol. 428, Issue 6 979 (11 March), pp.171-175.

LEWIS-WILLIAMS, J. D. (2002a): *The Mind in the Cave (Consciousness and the Origins of Art)*. London: Thames and Hudson.

LEWIS-WILLIAMS, J. D. (2002b): *A Cosmos in Stone*. Walnut Creek, CA: Altamira Press.

LEWIS-WILLIAMS, J. D. (2002c): «Three-dimensional puzzles: Southern African and Upper Paleolithic Rock Art». *Ethnos* Vol. 66, No. 2, pp. 245-264.

LEHNER, M. (2000): «Fractal House of Pharaoh: Ancient Egypt as a Complex Adaptive System, a Trial Formulation», in KOHLER, T.A. and GUMERMAN, G.J. (Eds.): *Dynamics in Human and Primate Societies*. New York: Oxford University Press, pp. 275-353.

LELAND, K. and ODLING-SMEE, J. (2000): « The Evolution of the Meme», in AUNGER, R. (Ed.): *Darwinizing Culture (The Status of Memetics as a Science)*. Oxford: Oxford University Press, pp.121-141.

LOCK, A. and PETERS, C.R. (Eds.) (1999): *Handbook of Human Symbolic Evolution*. Oxford: Blackwell.

LOGOTHETIS, N. K (1999): «Vision: A Window on Consciousness». *Scientific American* Vol. 281, No. 5 (Nov), pp. 68-75.
LOPREATO, J. and CRIPPEN, T. (1999): *Crisis in Sociology (the Need for Darwin)*, New Brunswick, New Jersey: Transaction Publishers.
LUMSDEN, C. J. and WILSON, E. O. (1981): *Genes, Mind and Culture*. Cambridge, Massachusetts: Harvard University Press.
LUMSDEN, C. J. and WILSON, E. O. (1983): *Promethean Fire*. Cambridge, Massachusetts: Harvard University Press.
MAAS, P. R. (1996): *Aesthetics as a Survival Mechanism: Toward a Theory of Architecture*, Ph. D. in Architecture, University of Wisconsin – Milwaukee (May) (Unpublished).
MAGISTRETTI, P. J. *et al.* (1999): «Energy on Demand». *Science* Vol. 283, No. 5401 (22 Jan) pp. 496-497.
MARCUS, G. F. *et al.* (1999): «Rule learning by seven-month-old infants». *Science* Vol. 283 No. 5 398 (1 Jan), pp. 77- 80.
MATSUZAWA, T. (2003): «From Chimpanzee to the Human Mind», Review of D. Premack and A. Premack (2003): *Original Intelligence (Unlocking the Mystery of Who We Are)*. New York: McGraw Hill.
MCADAMS, S. and BIGARD, E. (Eds.) (2001): *Thinking in Sound (the Cognitive Psychology of Human Audition)*. Oxford: Clarendon Press.
MCNEILL, J. R. (2004): «Human Input on the Chinese Landscape», Review of M. Elvin (2004) *The Retreat of the Elephants (An Environmental History of China)*. New Haven: Yale University Press. *Science* Vol. 304, No. 5669 (16 April), pp. 391-392.
MILLER, G. A.; GALLANTER, E. and PRIBRAM K. H. (1960): *Plans and the Structure of Behavior*. New York: Holt, Rinehart and Winston.
MILLER, G. (2000): *The Mating Mind (How Sexual Choice Shaped the Evolution of Human Nature)*. New York: Doubleday.
MITHEN, S. (1996): *The Prehistory of the Mind (the Cognitive Origins of Art and Science)*. London: Thames and Hudson.
MONACO, A. P. (2004): «A Recipe for the Mind». Review of A. Marcus (2004): *The Birth of the Mind: How a Tiny Number of Genes Creates the Complexities of Human Thought*. New York: Basic Books. *Nature* Vol. 427, Issue 6976 (19 Feb.), p. 681.
NORMAN, D. A. (1988): *The Psychology of Everyday Things*. New York: Basic Books.
NRIAGU, J. O. (1998): «Tales Told in Lead». *Science* Vol. 281, No. 5383 (11 Sept.), pp. 1622-1623.
ORIANS, G.H. and J.H. HEERWAGEN (1992): «Evolved responses to landscapes», in BARKOW, J. H.; COSMIDES, L. and TOOBY, J. (Eds.): *The Adapted Mind*. New York: Oxford University Press, pp. 555-579.
PADIAN, K. (1997): «An inapient synthesis». Review of R. L. Carroll (1997): *Patterns and Processes of Vertebrate Evolution*. New York: Cambridge University Press. *Science* Vol. 278, No. 5340 (7 Nov.), p. 1083.
PAGEL, M. and MACE, R. (2004): «The Cultural Wealth of Nations». *Nature* Vol. 428, Issue 6 980 (18 March), pp. 275-278.
PAPINEAU, D. (2004): «Mind the Gap». Review of J-P Changeux (2004): *The Physiology of Truth: Neuroscience and Human Knowledge*, Cambridge, Massachusetts: Belknap Press of Harvard University. *Nature* Vol. 429, Issue 6 991 (3 June), pp. 505-506.
PARTAN, S. and MARLER, P. (1999): «Communication goes Multimodal». *Science* Vol. 283, No. 5 406 (Feb. 26), pp. 1272-1273.
PENNISI, E. (1997): «Developing a new view of evolution». *Science* Vol. 277, No. 5322 (4 July), pp. 34-37.
PENNISI, E. (1999): «Are our primate cousins 'conscious'?». *Science* Vol. 284, No. 5423 (25 June) pp. 2073-2076.
PENNISI, E. and ROUSH, W. (1997): «Developing a new view of evolution». *Science* Vol. 277, No. 5322 (4 July), pp. 34-37.

Pessoa, L. (2004): «Seeing the World in the same way». *Science* Vol. 303, No. 5664 (12 March), pp.1617-1618.
Pinker, S. (1997): *How the Mind Works*. New York, W.W. Norton and Co.
Pinker, S. (1999): «Out of the Minds of Babes», *Science* Vol. 283, No. 5 398 (1 Jan), pp. 40-41.
Pinker, S. (2002): *The Blank Slate (The Modern Denial of Human Nature)*. New York: Viking.
Posner, M.I. et al. (2001): «Exploring the Biology of Socialization», in Damasio, A.R. et al. (Eds.): *Unity of Knowledge*. New York: NY Academy of Sciences, pp. 208-216.
Rao, S.C. et al. (1997): «Integration of what and where in the primate prefrontal context», *Science* Vol. 276, No. 5 313 (2 May), pp. 821-824.
Rapoport, A. (1972): «Environment and People», in Rapoport, A. (Ed.): *Australia as Human Setting (Approaches to the Designed Environment)*. Sydney, Angus and Robertson, pp. 3-21.
Rapoport, A. (1977): *Human Aspects of Urban Form*. Oxford: Pergamon Press.
Rapoport, A. (1978): «The environment as an enculturating medium», in Weidemann, S. and Anderson, J. (Eds): *Priorities for Environmental Design Research (EDRA 8)*. Washington, DC: EDRA, pp. 54-58.
Rapoport, A. (1979a): «On the cultural origins of architecture», in Snyder, J. C. and Catanese, A. J. (Eds): *Introduction to Architecture*. New York: McGraw-Hill, pp. 2-20.
Rapoport, A. (1979b): «On the cultural origins of settlements», in Catanese, A. J. and Snyder, J. C. (Eds.): *Introduction to Urban Planning*. New York: McGraw-Hill pp. 31-61.
Rapoport, A. (1983): «Development, culture change and supportive design», *Habitat International*, Vol. 7, No. 5/6, pp. 249-268.
Rapoport, A. (1984) «Culture and the Urban Order», in Agnew, J. et al. (Eds.): *The City in Cultural Context*. London: Allen and Unwin, pp. 50-75.
Rapoport, A. (1985): «On Diversity» and «Designing for Diversity», in Judd, B.; Dean, J. and Brown, D. (Ed): *Housing Issues I: Design for Diversification*. Canberra: Royal Australian Institute of Architects, pp. 5-8 and 30-36 respectively.
Rapoport, A. (1988): «Levels of Meaning in the built Environment», in Poyatos, F. (Ed.): *Cross-cultural Perspectives in Non-verbal Communication*. Toronto: C.J. Hogrefe, pp. 317-326.
Rapoport, A. (1990a): *The Meaning of the Built Environment*. Tucson: University of Arizona Press. (Revised Edition).
Rapoport, A. (1990 b): *History and Precedent in Environmental Design*. New York: Plenum.
Rapoport, A. (1990c) «Systems of Activities and systems of settings», in S. Kent (Ed.): *Domestic Architecture and the Use of Space (An Interdisciplinary Cross-Cultural Study)*. Cambridge: Cambridge University Press, pp. 9-20.
Rapoport, A. (1992): «On regions and Regionalism», in Markovich, N. C. et al. (Eds.): *Pueblo Style and Regional Architecture*. New York: Van Nostrand Reinhold, pp. 272-294. (Paperback Version only).
Rapoport, A. (1993a): «On Cultural Landscapes», *Traditional Dwellings and Settlements Review*, Vol. 3, No. 2 (Spring), pp. 33-47.
Rapoport, A. (1993b): *Cross-Cultural Studies and Urban Form*, (The 1992 Lefrak Lectures), College Park, MD: Urban Studies and Planning Program, University of Maryland.
Rapoport, A. (1994): «Spatial organization and the built environment», in Ingold, T. (Ed.): *Companion Encyclopedia of Anthropology: Humanity, Culture and Social Life*. London: Routledge, pp. 460-502.

Rapoport, A. (1995a): «Rethinking Design», in Schauer, E. (Ed.) *IL 41: Building with Intelligence (Aspects of a Different Building Culture)*. Stuttgart, IL: University of Stuttgart, pp.236-242.
Rapoport, A. (1995b (1989)) «A different view of design», in Rapoport, A.: *Thirty Three Papers in Environment-Behavior Research*. Newcastle (UK): Urban International Press, pp.457-470.
Rapoport, A. (1995c): «On the nature of design», *Practices*, No. 3/4 (Spring), pp.32-43.
Rapoport, A. (1995d, (1990)): «Levels of meaning and types of environments», in A Rapoport: *Thirty-three Papers in Environment – Behavior Research*, Newcastle (UK): Urban International Press, pp. 513-528.
Rapoport, A. (1997a) «Theory in Environment - Behavior Studies: Transcending Times, Settings and Groups», in Wagner, S. *et al.* (Eds.): *Handbook of Japan-U.S. Environment – Behavior Research*. New York: Plenum, pp.399-421.
Rapoport, A. (1997b): «The Nature and Role of Neighborhoods», *Urban Design Studies*, Vol. 3. London: School of Architecture and Landscape, University of Greenwich, pp.93-118.
Rapoport, A. (1999-2000): «On the perception of urban landscapes», *Urban Design Studies*, Vols. 5 and 6. London: School of Architecture and Landscape, University of Greenwich, pp.129-148.
Rapoport, A. (2000a): «Science, explanatory theory and environment - behavior studies», in Wapner, S. *et al.* (Eds.): *Theoretical Perspectives in Environment-Behavior Research*. New York: Plenum/Kluwer, pp.107-140.
Rapoport, A. (2000b): «Theory, culture and housing», in *Housing, Theory and Society*, Vol. 17, No. 4, pp. 145-165.
Rapoport, A. (2002): «On the size of cultural groups», *Open House International*, vol. 27, No. 3. (Sept), pp. 7-11.
Rapoport, A. (2003): *Cultura, Arquitectura y Diseño*. Barcelona: Edicions UPC.
Rapoport, A. (2004): *Culture, Architecture and Design*. Chicago: Locke Science Publishing.
Renfrew, C. and Zubrow, E. B. W. (Eds.) (1994): *The Ancient Mind: Elements of Cognitive Archaeology*. Cambridge: Cambridge University Press.
Robinson, G. E. (2004): «Beyond nature and nurture», *Science*, Vol. 304, No. 5669 (16 April), pp.397-399.
Roush, W. (1997): «New knockout mice point to molecular basis of memory», *Science*, Vol. 275, No. 5296 (3 Jan.), pp.32-33.
Science (1999), Vol. 286, No. 5 440 (22 Oct.): Special section on Olfaction, pp. 703-728.
Segerstrale, U. & Molnar, P. (Eds.) (1997): *Nonverbal Communication (Where Nature Meets Culture)*. Mahwah, New Jersey: Lawrence Erlbaum Associates.
Shennan, S. (2002): *Genes, Memes and Human History, (Darwinian Archaeology and Cultural Evolution)*. London: Thames and Hudson.
Silva, K. D. (2001): *Advances in Environmental Cognition Research 1980-2000*, School of Architecture and Urban Planning, University of Wisconsin-Milwaukee (September) (Unpublished).
Sinclair, A. (2003): «Art of the Ancients», *Nature*, Vol. 426, Issue 6968. (18/25 Dec.), pp. 774-775.
Singer, T. *et al.* (2004): «Empathy for pain involves the affective but not sensory components of pain», *Science*, Vol. 303, No. 5 661 (20 Feb.), pp. 1157-1167.
Stein, B. E. and Meredith, M. A. (1993): *The Merging of the Senses*. Cambridge, Massachusetts: MIT Press/Bradford Books.

STOKSTAD, E. (2003): «Pristine forest teemed with people», *Science*, Vol. 301, No. 5 640 (19 Sept.), pp. 1645-1646.
THOMAS, W. M. (Ed.) (1956): *Man's Role in Changing the Face of the Earth*. Chicago: University of Chicago Press.
TOMASELLO, M. (1999): *The Cultural Origins of Human Cognition*, Cambridge, Massachusetts: Harvard University Press.
TONONI, G. and EDELMAN, G. M. (1998): «Consciousness and Complexity», *Science*, Vol. 282, No. 5395 (4 Dec.), pp. 1846-1851.
TYE, M. (1991): *The Imagery Debate*. Cambridge, Massachusetts: MIT Press/A Bradford Book.
VANDERMEER, J. (2004): «The importance of a constructivist view», Review of F. J. Odling Smee et al. (2003): *Niche Construction (The Neglected Process in Evolution)*. Princeton: Princeton University Press, *Science*, Vol. 303, No. 5657 (23 Jan), pp.472-474.
VERSCHURE, P.F.M.J. et al. (2003): «Environmentally mediated synergy between perception and behavior in mobile robots», *Nature*, Vol. 425, Issue 6 958 (9 Oct.), pp. 620-624.
VOGEL, G. (1999): «Chimps in the wild show stirrings of culture», *Science*, Vol. 284, No. 5 423 (25 June), pp. 2070-2073. (cf letter by WOODRUFF, D. S., *Science*, Vol. 285, No. 5429 (6 Aug.), p. 836).
WILLER, D. and WILLER, J. (1973): *Systematic Empiricism: Critique of a Pseudosuence*. Englewood Cliffs, New Jersey: Prentice-Hall.
WILLIAMS, N. (1997): «Evolutionary Psychologists look for roots of cognition», *Science*, Vol. 275, No. 5296 (3 Jan.), pp. 29-30.
WILLIS, K. J. et al. (2004): «How "Virgin" is Virgin Rainforest?», *Science*, Vol. 304, No. 5 669 (16 April), pp. 402-403.
WILSON, E. O. (1975 & 2000): *Sociobiology: The New Synthesis*. Cambridge, Massachusetts: Belknap Press of Harvard University.
WILSON, E. O. (1978): *On Human Nature*, Cambridge, Massachusetts: Harvard University Press.
WILSON, E. O. (1984): *Biophilia*. Cambridge, Massachussetts: Harvard University Press.
WILSON, E. O. (1998): *Consilience (the Unity of Knowledge)*. New York: Knopf.
WILSON, E. O. (2001): «How to Unify Knowledge», in DAMASIO, A. R. et al. (Eds.): *Unity of Knowledge*. New York: NY Academy of Sciences, pp. 12-17.
WOHLWILL, J. F. (1983): «The concept of nature: A psychologist's view», in I. Altman and WOHLWILL, J. F. (Eds.): *Behavior and Natural Environment (Vol. 6 of Human Behavior and Environment)*. New York: Plenum, pp. 5-37.
WYTTENBACH, R. A. et al. (1996): «Categorical perception of sound frequency in crickets», *Science*, Vol. 273, No. 5 281 (13 Sept.), pp. 1542-1547.
ZAHAVI, A. and ZAHAVI, A. (1997): *The Handicap Principle (A Missing Piece of Darwin's Puzzle)*. New York: Oxford University Press.
ZEKI, S. (1999): *Inner Vision (An Exploration of Art and the Brain)*. Oxford: Oxford University Press.

Spatial Metaphors and Mental Patterns:
A Sociological Perspective

EVIATAR ZERUBAVEL
zerubave@rci.rutgers.edu

*Metáforas espaciales
y estructuras mentales.
Una perspectiva sociológica*

Cuando pensamos sobre el pensar, normalmente imaginamos un pensador individual –un jugador de ajedrez observando las jugadas de su contrincante, un científico diseñando su próximo experimento o una persona anciana recordando su niñez. Esta visión de un pensador individual captada magistralmente por A. Rodin en su estatua: el pensador, es un producto típico de la civilización occidental. A partir del siglo XVII, además, esta visión fue impulsada por las teorías empiristas de John Locke y George Berkeley, que supusieron una mente vacía (tabula rasa) sobre la cual el mundo se inscribe a través de los sentidos.

Aunque esta visión individualista domina todavía nuestro sentido común, la ciencia moderna rechaza totalmente esta concepción del pensar humano. Aparte de pequeños grupos en el psicoanálisis y en la economía, ya nadie cree que nuestra capacidad de pensar se desarrolla en un individuo aislado, cuyos pensamientos son fruto de su experiencia y de su personal capacidad de ver el mundo. De hecho, si alguien llegara a estudiar el pensamiento desde un único individuo, los resultados no los considerariamos como científicos.

When we think about thinking, we usually envision an individual thinker –a chess player analyzing her opponent's last move, a scientist designing an experiment, an old man reminiscing about his childhood. This vision of an individual thinker, so powerfully captured by Auguste Rodin in his statue *The Thinker*, is a typical product of Western civilization, which practically invented individualism. Since the seventeenth century, it has also been bolstered by the empiricist theories of knowledge developed by John Locke and George Berkeley, which posit a blank mind (*tabula rasa*) upon which the world impresses itself experientially through our senses.

Yet while cognitive individualism still dominates our popular vision of thinking, modern science strongly rejects such highly personalized view of the mind. Aside from some small pockets of individualistic resistance in philosophy, economics, and psychoanalysis, few students of the mind today still base their general vision of thinking on the image of a solitary thinker whose thoughts are a product of his or her own unique personal experience and idiosyncratic outlook on the world. In fact, if scientists were to study idiosyncratic thought patterns that apply only to particular individuals, we would never consider their findings scientific.

El crecimiento de una ciencia cognitiva coincide con la disminución de una visión romántica del pensamiento generada desde el individuo aislado, y con el aumento del interés por los fundamentos del pensamiento en dimensiones no personales. Inspirados por René Descartes e Immanuel Kant, y por su visión racionalista de que existen a prioris en nuestra mente que preceden y condicionan nuestra experiencia del mundo exterior, la mayoría de los científicos que estudian la cognición rechazan las visiones de una mente en blanco defendidas por Locke y Berkeley. En este movimiento hacia el racionalismo, la razón es más fundamental que la experiencia, y el individuo ya no es el lugar privilegiado para entender lo que es el pensar.

Es imposible no darse cuenta del cambio, dramático, que comporta esta nueva perspectiva. Es nuestra común capacidad de pensar, y no la manera específica de como un individuo llega a pensar, lo que ahora atrae las mejores investigaciones, en busca de los mecanismos comunes que consiguen que la especie humana piense. Tan cierto como que Noam Chomsky y Jean Piaget dominan las teorías lingüísticas y la psicología del desarrollo es que en los ámbitos actuales de la cognición y de la capacidad de hablar, los objetivos, son buscar las bases comunes que los hombres poseemos.

La búsqueda de bases universales en nuestra capacidad cognitiva es, pues, el objetivo fundamental de los estudios sobre el funcionamiento mental del hombre. Incluso psicólogos y filósofos que no estudian el cerebro en sí mismo, buscan sin embargo de qué manera los humanos llegamos a pensar. La mayoría de los científicos suponen una mente humana universal.

Esta sensibilidad universal ha permitido a los expertos en la cognición descu-

The rise of cognitive science coincides with the decline of the Romantic vision of the individual thinker and a growing interest in the non-personal foundations of our thinking. Inspired by René Descartes's and Immanuel Kant's rationalist visions of innate mental faculties that precede our sensory experience of the world and even condition the way we actually organize it in our heads, most cognitive scientists reject Locke's and Berkeley's visions of an *a priori* empty mind. The move away from empiricism toward rationalism has placed reason instead of experience at the heart of the process we call thinking. It has also meant substituting the human for the individual as the primary locus of cognition.

It is hard not to notice the dramatic shift of attention from the idiosyncratic to the universal in the modern study of the mind. It is our cognitive commonality as human beings, rather than our uniqueness as individual thinkers, that is at the center of the study of cognition today, and modern theories of the mind typically play down our cognitive idiosyncrasies, highlighting instead what we share in common. As evident from the fact that Noam Chomsky's and Jean Piaget's theoretical agendas still dominate much of modern linguistics and developmental psychology, this trend is most visibly epitomized in the current interest in the common constitution of our verbal apparatus as well as the seemingly universal process of our cognitive development.

Cognitive universalism is the dominant vision of the mind in cognitive science, much of which revolves around the search for the universal foundations of human cognition. Even psychologists, philosophers, and linguists who do not study the brain itself nonetheless claim to explore the way *humans* think. As evident from their general indifference to their research subjects' biographical background, most cognitive scientists assume a universal, *human* mind.

Such universalistic sensitivity allows cognitive scientists to unravel the universal foundations of human cognition. It is

brir fundamentos universales. Así, esta actitud ha permitido a neurólogos, psicólogos y lingüistas analizar un sinfín de estructuras comunes a través de conceptos, maneras de procesar información, de tomar decisiones o de usar esquemas mentales, o, también, formas de generar sentencias significativas desde estructuras sintácticas profundas, moviéndose entre estratos distintos de nuestra capacidad mental universal. Aunque todo ello es cierto, también lo es que esta perspectiva universal ha disminuido nuestra capacidad de analizar las totalmente evidentes dimensiones no universales *de nuestra mente cuando pensamos.*

Ha sido, justamente, su empeño por encontrar estos mecanismos universales lo que ha impedido, por ejemplo, avanzar en la comprensión profunda de las diferencias entre niños normales y niños con problemas mentales, hombres adultos y ancianos, etc. Aquí surge un problema importante, porque es evidente que no podemos considerar que la causa de las diferencias entre la manera de pensar en la Italia de hoy y la de la época del Imperio Romano (o entre la concepción del arte por grupos sociales diversos) se deba a una diferencia genética en sus cerebros.

De esta manera, aspectos esenciales de nuestra manera de pensar, simplemente, se ignoran. A muchos expertos en el estudio del cerebro les parece irrelevante que el concepto de género sea diferente en California o en el Yemen, o que existan diferencias culturales en la manera de pensar, o que organizamos el tiempo en horas y semanas, creamos en una religión o asociemos palomas con la paz. Todo ello me lleva a pensar que nuestras «ciencias de la mente» no consiguen construir un modelo comprensible y verdadero de su objeto de estudio.

precisely their concern with our cognitive commonality that has helped neuroscientists, psychologists, and linguists to discover universal patterns in the way we form concepts, process information, activate mental schemas, make decisions, solve problems, generate meaningful sentences from «deep» syntactic structures, access our memory, and move through the various stages of our cognitive development. Yet its commitment to cognitive universalism is also responsible for cognitive science's most serious limitation. While it helps cognitive scientists produce a remarkably detailed picture of how we are cognitively hard wired, it also prevents them from addressing the unmistakably *non-universal* mental software we use when we think.

Thus, it is precisely their almost exclusive concern with our cognitive commonality as human beings that prevents cognitive scientists from even addressing major cognitive differences that do not result from any fundamental biological differences, such as those between normal adults and dolphins, children, the brain damaged, the senile, or the mentally retarded. This presents the modern science of the mind with a very serious problem since, unlike the way we typically contrast human and animal (or adult and infant) cognition, we certainly cannot attribute the difference between the ancient Roman and present-day Italian visions of the universe (or between the ways liberals and conservatives view art), for example, to any major difference in their genetic makeup or the physiology of their brains.

It is hardly surprising, therefore, that some rather critical aspects of our thinking are still largely ignored by cognitive science. After all, most students of the mind tend to ignore differences in the way we think — differences not only among individuals but also among different cultures, social groups, and historical periods. As a result, few cognitive scientists would even consider addressing the difference between the ways in which gender is conceptualized in California and in Yemen, in which Catholics

Cuando mi hija tenía seis años, le expliqué qué tenía que hacer si alguien intentaba secuestrarla. Al día siguiente, me explicó entusiasmada un sueño que acababa de tener justamente sobre un secuestro, que fracasó porque ella actuó como yo le había enseñado. Me dijo la suerte que había tenido de que yo le explicase la manera de escapar de un secuestro exactamente pocas horas antes de que sucediese.

He explicado esta historia a mucha gente y la encuentran divertida. De hecho, no fue divertida, y muy poca gente la hubiese considerado divertida si no hubiese existido Sigmund Freud y su Interpretación de los sueños, *que cambió nuestra manera de pensar sobre ellos.*

Simultáneamente, aunque esta historia nos confirma que no hay nada universalmente divertido, también nos informa de que no es casual que distintos individuos reaccionen de la misma manera ante la misma historia, si pertenecen a la misma generación (y no a la de sus bisabuelos). Así mismo, cuando distintos individuos en los Estados Unidos encuentran horrible comer caracoles, sabemos que no estamos ante un grupo de individuos con una especial «fobia» o «alergia», a los caracoles, que, por casualidad, solo gustan a los franceses.

El problema, pues, con los estudios sobre la cognición humana, es que ignoran casi totalmente la dimensión social del conocimiento. Lo que falta es que los esfuerzos de los neurólogos, los lingüistas y los psicólogos por encontrar unas bases universales de la mente humana se complementen con una sociología del pensar, y así conseguir una comprensión global más completa de cómo funciona la mente.

Aunque, en su conjunto, los expertos en cognición no han tenido en cuenta la

and Buddhists (or peasants and academics) envision God, or in which most Europeans viewed disease in the thirteenth century and today. Nor can they help us understand why we reckon time in terms of hours and weeks and associate doves with peace. Such intellectual blind spots certainly leave us with less than a truly comprehensive science of the mind.

When my daughter was six, I told her what she should do if anyone ever tried to abduct her. The next morning she proudly recounted to me a dream she had that night about precisely such an attempt, which failed because she managed to apply the skills I had taught her only the day before. Wasn't she lucky, she added, that she happened to learn those skills just hours before she needed to use them for the first time!

I have told this story to many people and discovered that they almost all find it rather amusing. Yet there was nothing inherently funny about my daughter's remark. In fact, few people, if any, would have considered it funny only 105 years ago, prior to the publication of Sigmund Freud's *The Interpretation of Dreams*, which transformed the way we think about our dreams.

At the same time, however, while this certainly reminds us that the things we find amusing are not inherently (and therefore universally) funny, we should also recognize that what we see here are more than just a bunch of unrelated individuals with some peculiar sense of humor that somehow happens to be shared by most of their contemporaries (yet, for some odd reason, by no one older than their great-grandparents). Similarly, when we notice that many Americans find the idea of eating snails revolting, we should recognize that what we are seeing is more than just a random collection of individuals with some peculiar phobia that somehow happens to be shared by so many of their compatriots yet, for some odd reason, by only few Frenchmen.

Spatial Metaphors and Mental Patterns

cognición social, han de aceptar hoy que esta disciplina específica tiene que interesarse tanto en las formas comunes de pensar como en por qué hay formas diferentes.

Existen tres maneras de aproximarse al funcionamiento cognitivo de nuestra mente. Una, como individuos, otra como seres sociales, y otra, finalmente, como seres humanos. Mientras que la escuela individualista del conocimiento solo se dirige a la primera aproximación, la escuela moderna universalista solo se dirige a la tercera. Ambas son, pues, insuficientes; solamente la aproximación complementaria, del ser pensante social, puede articular las dos aproximaciones precedentes, incluyendo cómo piensa un abogado o un arquitecto, por ejemplo, y así superar las limitaciones y los reduccionismos de las perspectivas cognitivas individualistas y universalistas.

Solo una aproximación integral entre las tres perspectivas puede explicar cómo pensamos. La perspectiva individual puede explicar cómo recuerdo una palabra clave; la universal, cómo mi cerebro almacena recuerdos; pero solamente la social es capaz de explicar cómo recuerdo la Primera Guerra Mundial. Así mismo, si necesitamos una psicología de la percepción para analizar cómo separamos las formas de su contexto, solamente una sociología del conocimiento nos dará explicaciones acerca de por qué los hijos y hijas tienden a percibirse más iguales a los padres que a las madres.

Al fijarse en los aspectos sociales del conocimiento, nos damos cuenta de que no pensamos solamente como individuos o como seres humanos, sino, además, como seres sociales pertenecientes a una sociedad que nos permite pensar y, simultáneamente, nos limita nuestra manera de ser afectados por

The problem with cognitive science is that it largely ignores the *social* dimension of cognition. A truly comprehensive science of the mind must also include a *sociology* of thinking that would complement the efforts of psychology, linguistics, and the neurosciences to provide a complete picture of how we think.

Despite a long history of ignoring sociology, cognitive scientists need to be more open to what *cognitive sociology* can offer them. Like the other cognitive sciences, it certainly tries to stay away from our cognitive idiosyncrasies. Yet whereas psychology or linguistics dwell almost exclusively on our cognitive *commonality* as human beings, cognitive sociology also highlights major *differences* in the way we think. In other words, it tries to explain why our thinking is similar to as well as different from the way other people think.

There are three distinct levels of analysis one can use for approaching cognition given the fact that we think both as *individuals*, as *social* beings, and as *human* beings. Whereas cognitive individualism addresses only the first of those three levels, cognitive universalism basically confines itself to the third. Each of them by itself is therefore somewhat limited in its scope. In addressing the middle level, which covers the entire range between thinking as an individual and as a human being (thereby including, for example, thinking as a lawyer, as a German, as a baby boomer, as a Catholic, and as a radical feminist), cognitive sociology thus helps avoid the reductionistic tendencies often associated with either of those two extremes.

Only an integrative approach that addresses all three levels can provide a complete picture of how we think. While cognitive individualism may shed light on the particular mnemonic techniques I use to remember the password to my electronic mail account and cognitive universalism may best explain how I generally store information in my brain, only a *sociology* of memory can account for how I remember World War I. By the same token, whereas in

nuestro contexto y nuestra capacidad de interaccionar con él. De esta manera, aspectos ocultos de la cognición saldrán a la luz y complementarán una visión más completa del funcionamiento de nuestra mente, que, hasta hoy, no existe.

La sociología del conocimiento reconoce el hecho de que no pensamos solamente como individuos. De acuerdo con otras disciplinas que estudian la mente humana, la sociología del conocimiento rechaza la visión de un pensamiento generado por una persona aislada. Así, si yo pienso en una tierra redonda y en átomos, es porque vivo en el siglo XXI. Y si pienso en Dios, sexo, etc. de una determinada manera, no es casual que otros seres que viven al mismo tiempo piensen de una manera parecida.

De esta manera, se comprende por qué Robinson Crusoe, a pesar de vivir aislado en su isla, se comportaba de una manera muy parecida a la de un ciudadano inglés del siglo XVIII. En contra de Berkeley y Locke, si nombramos «posimpresionista» o «primitiva» una obra de arte, poco tiene que ver con lo que llega físicamente a nuestros sentidos, y mucho con nuestra relación social y sus categorías, dentro de las cuales colocamos nuestra experiencia sensorial. En resumen, experimentamos el mundo no solamente personalmente, sino también impersonalmente, a través de nuestra pertenencia mental a varias comunidades sociales.

Ello es especialmente importante en relación a nuestra habilidad lingüística, ya que, si bien la percepción nos confina a lo que experimentamos sensiblemente, el lenguaje me permite procesar conceptualmente la realidad y sobrepasar mis sentidos. Por ello el lenguaje es más impersonal, y cuando uso palabras como «arrogancia», «lealtad», etc, es evidente que uso un conocimiento

order to understand how we differentiate figures from their surrounding background we clearly need a psychology of perception, only a *sociology* of perception can account for a culture's general tendency to perceive children as resembling their fathers more than their mothers.

In highlighting the social aspects of cognition, cognitive sociology reminds us that we think not only as individuals and as human beings, but also as social beings, products of particular social environments that affect as well as constrain the way we cognitively interact with the world. In probing the social underpinnings of the mental, it thus brings to the foreground a largely neglected dimension of our thinking, the full implications of which cognitive science has yet to explicitly address. As such, it should certainly be an indispensable component of a truly comprehensive science of the mind.

Cognitive sociology recognizes the fact that we do not think just as individuals. Like the other cognitive sciences, it strongly rejects the extreme individualistic vision of the absolutely original solitary thinker, reminding me, for example, that if a ten-year-old child already knows that the earth is round and that the world is made up of atoms it is because he happens to live in the twenty-first century. It also helps remind me that the way I think about death, God, or sex, for example, is remarkably similar to the way so many other twenty-first-century Westerners happen to think about those matters.

Recognizing our cognitive commonality entails remembering that even Robinson Crusoe, living all by himself far away from civilization, was still thinking in an unmistakably eighteenth-century British manner. It also entails abandoning Locke's and Berkeley's cognitive empiricism and realizing that perceiving works of art as «Postimpressionist» or «primitive» has little to do with our senses and everything to do with the impersonal social categories into which we typically force our personal experience. In short, we experience the world not only

social que no ha sido creado en mi mente individual aislada.

Es justamente esta naturaleza impersonal del lenguaje la que nos permite trascender la inmediatez sensorial y comunicar con otros sujetos, mientras que mis sensaciones son personales, mi lenguaje me permite comunicar con el lenguaje de los demás y con los pensamientos de los demás. La impersonalidad de los lenguajes me permite entender de verdad el encuentro entre mentes diversas.

La trascendencia del mundo subjetivo y la construcción social de la intersubjetividad ayuda a comprender la amplitud y el enfoque específico de la sociología del conocimiento. Gracias al rechazo del mundo mental, subjetivo o individual, del enfoque cognitivo, la sociología del conocimiento se concentra en el estudio de los mundos mentales impersonales que compartimos.

*Estos mundos mentales (*mindscapes*) no son, sin embargo, universales. Lo que compartimos, no lo compartimos solo como seres humanos, sino como seres sociales (o sea como húngaros, como católicos, como vegetarianos, etc).*

Cuando evitamos lo individual, hemos de ser cautos y no confundir lo impersonal con lo universal. Dicho de otra manera, rechazar el individualismo cognitivo no implica caer en el universalismo. Si bien tenemos aspectos cognitivos individuales y otros universales, existen unos terceros que no son ni lo uno ni lo otro.

Esta perspectiva social sobre el conocimiento complementa y rechaza los extremos entre individualismo y universalismo, porque además de ser individuos y seres humanos, pertenecemos a comunidades de pensamiento, mayores que el individuo, pero menores que la humanidad en su conjunto.

personally, through our own senses, but also impersonally, through our mental membership in various social communities.

Most of this, of course, underscores the ubiquitous role of *language* in our lives. Whereas perception alone would inevitably confine me to a strictly sensory experience of the world, language allows me to process reality conceptually and thereby also bypass my senses. In marked contrast to the personal nature of sensory perception, language is highly impersonal. When I use words like «loyalty», «arrogance», or «authentic», for example, I am using unmistakably social ideas which clearly did not originate in my own mind.

Indeed, it is precisely the impersonal nature of language that enables us to transcend our subjectivity and communicate with others. Whereas my senses confine me to my own personal experience, language allows me to convey my thoughts to others as well as to share theirs. It is precisely the impersonal nature of language, therefore, that allows any true meeting of the minds.

The transcendence of subjectivity and the social construction of intersubjectivity help define the distinctive scope and focus of the sociology of the mind. Essentially rejecting cognitive individualism, cognitive sociology ignores the inner, personal world of individuals, confining itself to the impersonal social mindscapes we share in common.

Such mindscapes, however, are by no means universal. What we cognitively share in common we do not only as human beings but also as *social* beings – as Hungarians, as vegetarians, as photographers, as Catholics.

As we try to avoid the strictly personal, we must be careful not to equate the impersonal with the universal. In other words, when rejecting cognitive individualism, we need not go all the way to the other extreme and replace

*El hecho de que nuestros mundos mentales (*mindscapes*), que compartimos, no sean universales, quiere decir que no son inevitables, ni naturalmente ni lógicamente hablando. De hecho, son sencillamente* convencionales.

Si nos alejamos del subjetivismo, no es preciso ir al otro extremo del objetivismo de manera necesaria. Podemos, sencillamente, evitar el peligro epistemológico de un esencialismo que atribuye una necesidad existencial y absoluta a lo convencional. Aunque nuestra razón evite el subjetivismo, lo hace a menudo aceptando una experiencia social común y no una base natural universal o un standard universalmente verdadero. Después de todo, no es inevitable relacionar los búhos con la sabiduría, o seguir distinguiendo entre la violencia en la calle o en el campo de fútbol, como si fuera una distinción lógica.

La sociología del conocimiento nos ayuda a evitar el peligro de considerar lo convencional como si fuera algo inevitablemente natural, ya que lo no individual no es necesariamente universal. Entre el mundo subjetivo individual y el mundo objetivo universal, existe el mundo intersubjetivo social, completamente diferente de los dos anteriores. En contraste con el primero, transciende la subjetividad y puede compartirse por un grupo de seres pensantes. Además, en contradicción con el segundo, no es ni natural ni lógicamente inevitable.

Este mundo social intersubjetivo es muy diferente del mundo subjetivo del individuo, como lo es del mundo objetivo natural y lógico. Es un mundo en el cual el tiempo no se mide ni por nuestro tiempo interior ni por el tiempo del sol y de la luna, sino por el tiempo convencional de calendario. Es el tiempo en el cual la música, los libros y la televisión marcan el ritmo, sin que sea éste

it by cognitive universalism. While some aspects of our thinking are indeed either purely personal or absolutely universal, many others are neither.

Approaching cognition from an intermediate perspective that complements yet avoids the extremist stances offered by cognitive individualism and universalism, cognitive sociology reminds us that while we certainly think both as individuals and as humans beings, what goes on inside our heads is also affected by the particular *thought communities* to which we happen to belong. Such communities – churches, professions, political movements, generations, nations – are larger than the individual yet considerably smaller than the entire human race.

The fact that many of the mindscapes we commonly share are not universal also implies that they are neither naturally nor logically inevitable. Indeed, they are quite often utterly *conventional*.

As we try to stay away from the strictly subjective, we need not go all the way to the other extreme and regard everything that is not subjective as necessarily objective. Indeed, we should try to avoid the dangerous epistemological pitfall of essentialism and refrain from attributing absoluteness and inevitability to what is actually merely conventional. While much of our thinking indeed transcends our subjectivity, it is nevertheless often grounded in our common social experience and not just in our human nature or some absolute standard of reason. After all, it is not naturally inevitable to associate owls with wisdom or to mentally relegate waiters in cocktail parties to the background. Nor is the common distinction we make between violence on the street and on the football field an inherently logical one.

Cognitive sociology helps us avoid the danger of regarding the merely conventional as if it were part of the natural order by specifically highlighting that which is not entirely subjective yet at the same time not entirely objec-

fruto de nuestra sensibilidad interior ni resultado de la lógica. Este mundo es el que debe analizar la sociología del conocimiento.

Este esfuerzo por evitar la objetividad en el mundo intersubjetivo no deja de implicar importantes resultados metodológicos. Después de todo, como el mundo social solamente es natural para los que lo viven, cuanto más podamos acceder a mundos diferentes del nuestro, más podremos reconocer la naturaleza social de ambos, del nuestro y del de los otros.

Así, en contraste con la tendencia más extendida entre neurólogos, filósofos y psicólogos de definir la naturaleza humana común entre todos, los sociólogos del conocimiento intentan promover el entendimiento de la diversidad cognitiva de los seres humanos. Después de todo, contra más conscientes seamos de nuestras diferencias cognitivas como miembros de diferentes comunidades de pensamiento, menos pensamos que nuestra manera de pensar responde a una base universal, etnocéntrica, basada en una lógica natural standard, que sea naturalmente o lógicamente inevitable.

Por ejemplo, con el mismo ímpetu que la sociología del conocimiento rechaza el impulso romántico de un origen individual del conocimiento, al comprobar las similitudes existentes entre individuos, también rechaza la pretensión imperialista de una base universal del conocimiento a base de enfatizar las diferencias con las que diferentes individuos piensan según las comunidades de pensamientos a las cuales pertenecen. Diferencias que no pueden atribuirse a factores individuales. Nuestros pensamientos no son tan diferentes como para suponer un origen individual, ni tan iguales como para suponer un origen universal absoluto.

tive either. Between the purely subjective inner world of the individual and the absolutely objective physical world out there lies an *intersubjective*, social world that is quite distinct from both of them. Unlike the former, it transcends our subjectivity and can therefore be commonly shared by entire thought communities. At the same time, in marked contrast to the latter, it is neither naturally nor logically inevitable.

This intersubjective, social world is quite distinct from the subjective world of the individual as well as from the objective world of nature and logic. It is a world where time is reckoned according to neither the sun or the moon nor our own inner sense of duration but, rather, in accordance with standard, conventional time-reckoning systems such as clock time and the calendar. It is a world where the conventional categories into which we force different types of books, films, and music are based on neither our own personal sensations nor any objective logical necessity. Such a world constitutes the distinctive domain of the sociology of the mind.

The effort to refrain from attributing objectivity to that which is only intersubjective has some important methodological implications. After all, since the social world is regarded as natural only by those who happen to inhabit it and therefore take it for granted, the more we can gain access to social worlds that are different from the one we have come to regard as a given, the more we will be able to recognize the social nature of both.

Thus, in marked contrast to the tendency among most psychologists, philosophers, linguists, and neuroscientists today to focus on our cognitive commonality as human beings, cognitive sociology tries to promote greater awareness of our *cognitive diversity* as social beings. After all, the more we become aware of our cognitive differences as members of different thought communities, the less likely we are to follow the common ethnocentric tendency to regard the particular way in which

Por esto es muy necesaria la investigación comparativa entre distintos conocimientos sociales sobre los mismos fenómenos. Así podría verse diferentes mundos mentales entre católicos y musulmanes, estudiantes y profesionales, médicos y escultores, etc para demostrar la inutilidad de un pensamiento con base exclusivamente individual.

La evidencia más clara de que existen diversos modos de pensar a partir de comunidades distintas la podemos extraer de la tradición. El contraste total entre las tradiciones gitanas y esquimales de dibujar es un buen ejemplo en esta dirección. Lo mismo, si comparamos en Estados Unidos las diferencias entre la manera de argumentar de los occidentales y de los indios aborígenes. Aquí es evidente la misión que la sociología del conocimiento es capaz de cumplir, ya que tiene como objetivo primordial el estudio de las culturas. Y todavía más, tiene que analizar interculturalmente nuestros conocimientos.

Igualmente importante es descubrir, dentro de una misma cultura, diferencias que no son individuales, sino sociales, así como los cambios históricos de un conocimiento social, como la progresiva pérdida del papel que la religión podría tener en Francia y los cambios sutiles en Norteamérica en relación a la significación social del sexo, de la edad, de la raza, etc. Obviamente, al situarse en medio de lo universal y de lo individual, la sociología del conocimiento está sometida a cambios en el clima social de cada momento.

Las diferencias culturales dentro de un mismo grupo social pueden originarse en tradiciones cognitivas específicas, como por ejemplo las diferentes maneras de ver el mundo de los abogados o de los astrónomos, etc. Por lo tanto, identificar las subculturas cognitivas será

we happen to process the world in our minds as based on some absolute standard of logic or reason and, thus, as naturally or logically inevitable.

Thus, just as it resists the Romantic appeal of cognitive individualism by calling attention to the remarkably similar manner in which different individuals mentally partition the earth into distinct continents, focus their attention, or reckon time, for example, cognitive sociology also challenges the imperialistic claims of cognitive universalism by highlighting major *differences* in the way members of different thought communities perform those mental acts — differences that clearly cannot be attributed only to their cognitive idiosyncrasies as individuals. Its main goal is thus to show that our cognitive habits are not so different as to be utterly idiosyncratic yet at the same time also not so similar as to be absolutely universal.

Hence the need for a *comparative* approach to cognition that would highlight our cognitive diversity as members of different thought communities. Such an approach should contrast the cognitive habits of Austrians and Indonesians, Christians and Muslims, surgeons and sculptors, college graduates and high-school dropouts in a conscious effort to rid us of the common illusion that we think only as individuals and as human beings.

The clearest evidence of our cognitive diversity as members of different thought communities is the existence of numerous culturally specific *cognitive traditions*. The striking contrast between traditional Gypsy and Eskimo styles of mental delineation, for example, reminds us that there is more than just a single natural or logical way of classifying the world. Notable differences between Western and Navajo styles of propositional reasoning are similarly indicative of our considerable cognitive diversity as members of different cultures. Cognitive sociology thus views culture as a major locus of cognition. Furthermore, is is also explicitly committed to a comparative, *cross-cultural* perspective on cognition.

un objetivo esencial de la sociología del conocimiento.

Igualmente, la sociología del conocimiento, al alejarse de una perspectiva individualista, puede detectar los desacuerdos cognitivos dentro de un mismo grupo social, o entre grupos sociales. Por ejemplo, lo que es arte o justicia está sometido a discusiones dentro de una misma cultura, porque no olvidemos que la manera con la que organizamos nuestra mente no responde ni a un orden natural, ni a un orden lógico inevitables. Así, es normal que existan batallas cognitivas acerca de la memoria. El hecho de que estas batallas se den entre grupos sociales, y no entre individuos, demuestra que la memoria es algo más que un producto de una persona. Por otra parte, el hecho mismo de que existan estas batallas nos indica que el camino a través del cual procesamos mentalmente la realidad no es universal.

Otro tipo de diferencia cognitiva que se analiza a través de la dimensión social del conocimiento es la diferencia entre mentes normales y mentes dementes, o desviadas del camino normal. Estas mentes clasifican la realidad, organizan el espacio y el tiempo, etc. de una manera diferente, y nos recuerdan que nuestras normas cognitivas no son ni lógica ni naturalmente, inevitables. Al aceptar la existencia de una desviación cognitiva aceptamos, pues, la existencia de normas que nos permiten tanto conocer como condicionar nuestra manera de pensar.

Son estas normas las que nos impulsan a considerar aspectos del contexto como trasfondo, o aspectos de la memoria como importantes de recordar, y otros como, casi, obligados de olvidar. También pueden estas reglas, por asociación, afectar el significado que damos a las cosas.

Furthermore, in its commitment to examine cognition from a comparative perspective cognitive sociology also tries to identify significant non-idiosyncratic cognitive differences even within the same culture. Most spectacular, in this regard, are intracultural *historical changes in cognition*, such as the declining role of religion in French clinical and legal reasoning over the past few centuries or subtle shifts in Americans attention to individuals' sex, age, and race over the past few decades. Indeed, the waxing and waning of both cognitive individualism and cognitive universalism over the last three hundred years suggests that whether we associate thinking with individuals or with human beings is in itself affected by various social changes in our intellectual climate!

Yet generation-specific cognitive traditions are only one particular instance of the considerable cognitive diversity that exists among different social groups even within the same culture. Consider also the profound differences between the way astronomers and mystics, for example, envision the universe, or between the general traditions of mental focusing that prevail among lawyers and social workers. Indeed, identifying the various *cognitive subcultures* that exist within a given society is one of the most important tasks of cognitive sociology.

Its particular sensitivity to non-idiosyncratic cognitive differences also leads the sociology of the mind to focus on *social discord over cognitive matters*. The fact that the way we define justice, art, or obscenity, for example, is often contested even within the same society helps remind us that the way we happen to organize the world in our minds is neither naturally nor logically inevitable. Just as instructive, in this regard, are cognitive battles over contested memories. The fact that such battles are typically between social camps rather than simply individuals suggests that they are more than just personal. At the same time, the fact that they even exist helps remind us that the way we happen to process reality in our own minds is by no means universal.

Los actos mentales de percibir, escuchar o recorda, no son actos condicionados fisiológicamente, sino actos sociales articulados por normas sociales específicas. Ignorar u olvidar algo siempre responde a una presión social, aunque sea tácita, para excluirlo de nuestra atención o de nuestra memoria.

El pensar responde, pues, a una importante dimensión normativa ampliamente olvidada en los estudios de la mente y que la sociología del conocimiento debe analizar de forma específica. Es la sociedad la que define lo que es razonable o lo que no tiene ningún sentido, y lo hace sin que seamos conscientes de la presión que ejerce, hasta que intentamos resistir esta presión. Como resultado de esta presión, *yo organizo mi tiempo por días, horas y semanas, y clasifico los sonidos musicales como clásicos o como populares.*

Como cualquier otro tipo de normas, las normas sociales las aprendemos. En otras palabras, aprendemos a prestar atención, a organizar nuestra experiencia, o a generalizarla, de manera socialmente apropiada.

Aprendemos a considerar dos cosas como similares o como distintas. Ya sabemos que cualquier clasificación implica tener en cuenta ciertas características de la realidad e ignorar otras. Qué diferencias son significativas y cuáles son irrelevantes es resultado de un aprendizaje, ya que hemos de rechazar aspectos que notamos. *(Por ejemplo, buscamos un libro por el nombre de autor y no por el color de la cubierta). Separar lo relevante de lo irrelevante no es lógico, sino normativo.*

Aprendemos a ver *las finas fronteras entre liberales y conservadores, o detectamos las constelaciones de estrellas que estábamos buscando, y que estábamos seguros de que allí estaban. Así*

Another striking cognitive difference specifically addressed by the sociology of the mind is the one between ordinary, «normal» thinkers and cognitive deviants such as the demented, whom we typically regard as mentally disturbed because they focus their attention, frame their experience, classify the world, reckon the time, and reason somewhat differently from the rest of us. The existence of *cognitive deviance* reminds us once again that the way most of us happen to process the world in our minds is neither naturally nor logically inevitable. It also implies the existence of various *cognitive norms* that affect as well as constrain the way we think.

Thus, it is social *rules* of focusing that lead us to disregard certain aspects of our surroundings as mere background. By the same token, it is unmistakably social rules of remembrance that tell us what we should remember and what we may (or even *must*) forget. Various conventional rules of mental association likewise affect the meaning we come to attribute to things.

Mental acts such as perceiving, attending, and remembering, in other words, are not just physiologically-constrained human acts but also unmistakably *social* acts bound by specific *normative* constraints. Ignoring or forgetting something thus typically also presupposes some *social pressure*, however tacit, to exclude it from our attention or memory.

Thinking, in short, has an important normative dimension that has been largely ignored by students of the mind yet which cognitive sociology specifically addresses. It is society that determines what we come to regard as reasonable or as making no sense, and it usually does so by exerting upon us tacit pressure which we rarely even notice unless we try to resist it. As a result of such pressure, I come to perceive sounds I hear as «classical» or «popular» and to reckon the time in standard, conventional terms such as «7:30», «Wednesday», «June», and «2004» even when I am all by myself.

distinguimos la ficción de la realidad y recordamos lo que son las cruzadas.

Otra distinción esencial, llegados a este punto, es la distinción entre el conocimiento de los niños y de los adultos. Contrariamente a los adultos, los niños no «ven» las finas fronteras que separan a los serbios de los croatas, lo normal de lo perverso, o lo sagrado de lo profano. Tampoco conocen las barreras que separan el mundo real de mundo virtual, de la fantasía o del juego.

Los niños que no prestan atención de una manera socialmente correcta, atendiendo de forma incorrecta a acontecimientos concretos, nos recuerdan que lo que consideramos irrelevante es el resultado de una educación. Un niño de tres años de edad que asiste por vez primera a un circo no ve la fina línea que separa los entrenadores de los elefantes de los empleados que limpian el suelo del circo en el trasfondo, o no comprende los ensayos atléticos en una sesión de entrenamiento de lanzamiento de disco. Así mismo, a los dos años de edad es difícil seguir una conversación o jugar al ajedrez.

Así, la diferencia entre el conocimiento de los niños y niñas y los adultos no se debe solamente a su pertenencia a distintos etapas de desarrollo como seres humanos, sino como seres sociales. Aprender a organizar el tiempo en semanas y en horas tiene poco que ver con nuestro desarrollo psicocognitivo y mucho que ver con nuestro desarrollo sociocognitivo. Esto es cierto, también, en cuanto a la distinción entre crudo y cocido, o a ignorar el espacio vacío entre edificios, o a considerar a las ratas como plagas o a Peter Pan como metáfora y recordar a Moisés, Galileo o Atila.

Nuestro desarrollo cognitivo está siempre situado dentro de un contexto social particular y está condicionado por cir-

Like any other social norm, cognitive norms are something we *learn*. In other words, we learn how to focus our attention, frame our experience, generalize, and reason in a socially appropriate manner.

We likewise learn to see things as similar to or different from one another. After all, whenever we classify things, we always regard only some of the differences among them as significant and ignore others as negligible and therefore irrelevant. Yet which differences are considered significant is something we learn, and ignoring those that «make no difference» involves tacit social pressure to disregard them despite the fact that we *do* notice them (just as we learn that in order to find a book in a bookstore we must attend to the first letters of its author's last name while ignoring the color of its cover). Separating the relevant from the irrelevant is not just a logical but also a normative matter.

We likewise learn to «see» the fine lines separating liberals from conservatives and the edible from the inedible. Like the contours of our celestial constellations, we notice such lines only after we learn that we should expect to find them there. In the same way, we also learn to distinguish fiction from non-fiction, ignore the moral plight of mosquitos, and remember the Crusades.

Which brings us to another major cognitive difference that is of critical importance to the sociology of the mind, namely the difference between children and adults. Unlike adults, young children do not «see» yet the fine lines separating Serbs from Croats, the normal from the perverse, or the sacred from the profane. Nor do they notice yet the conventional mental fences separating the «real» world from the worlds of fiction, fantasy, and play.

Young children who have not learned yet how to focus their attention in a socially appropriate manner and therefore attend to that which is supposed to be disregarded likewise remind us that ignoring the irrelevant is something we learn to do. A three-year-old boy attend-

cunstancias sociales específicas. Los niños son aprendices cognitivos, socialmente instruidos por los otros.

Es el proceso de socialización cognitiva lo que nos permite entrar en un mundo social, intersubjetivo. Llegar a ser social no implica únicamente aprender cómo actuar, sino también aprender a pensar de forma socialmente correcta. En la medida en que aprendemos esta forma socialmente correcta de pensar a través de unas lentes mentales específicas, empezamos a asignar a los objetos significados iguales a los que otros les asignan, ignoramos y recordamos lo mismo, y nos reímos de las mismas cosas que los otros encuentran divertidas. Solamente en este momento empezamos a ser de un mundo social específico.

Parte de esta socialización cognitiva se da explícitamente en forma de educación reglada, lo que explica las diferencias individuales en la misma sociedad. Pero muchos aspectos se dan tácitamente. Cuando un muchacho o muchacha escucha cómo su madre explica una visita que acaban de realizar juntos al centro de la ciudad, aprende a conocer lo que hay que recordar y lo que hay que olvidar, y puede ser un factor implícito muy importante en el proceso de socialización cognitiva.

Podemos tener en cuenta de qué manera aprendemos las distinciones convencionales. Aunque estas distinciones se enseñan explícitamente en las escuelas, como las diferencias entre frutas y verduras, no siempre es así. Al darse cuenta de que algunos invitados van a su casa siempre en grupo y otros vienen solos, o que unos comen en el comedor y otros en la cocina, una muchacha joven aprende implícitamente líneas finas de separación entre relaciones sociales formales e informales, así como la existencia de diferentes niveles de intimidad intersub-

ing a circus show for the first time cannot see yet the fine line that, to the adults around him, so clearly separates the elephant trainers in the spotlight from the attendants who clean after them in the background. Neither can a three-year-old girl attending her first track meet comprehend why practice efforts produced by long jumpers and discus throwers are not even measured. Nor, for that matter, can two-year-olds play chess or participate in a real conversation, as they have yet to acquire the ability to jointly share a common focus of attention with others.

Yet the difference between children's and adults' cognition has to do with the fact that they are at rather different stages of their cognitive development not only as human beings but also as social beings. Learning to reckon the time in terms of «7:30», «Wednesday», or «June» is part of the process of becoming social that has nothing to do with our psychocognitive development and everything to do with our *sociocognitive development*. That is also true of the process of learning to distinguish the noble from the crude, ignore the «empty» spaces between buildings, regard gerbils as pets and mice as pests, use Peter Pan and Cinderella as metaphors, and remember Moses, Galileo, and Attila the Hun.

Our cognitive development is always situated within a particular social context and constrained by specific social circumstances. Rather than a solitary individual developing in a vaccum, the child is a cognitive apprentice, socially instructed by others.

It is the process of *cognitive socialization* that allows us to enter the social, intersubjective world. Becoming social implies learning not only how to act but also how to think in a social manner. As we become socialized and learn to see the world through the mental lenses of particular thought communities, we come to assign to objects the same meaning that they have for others around us, to both ignore and remember the same things that they do,

Spatial Metaphors and Mental Patterns

jetiva. Análogamente, al observar que algunos objetos se pueden ver en las salas de su vivienda, mientras que otros nunca salen de los cajones de los dormitorios, un muchacho aprende implícitamente la existencia de dominios públicos y privados. La presencia de vestidos especiales en celebraciones específicas, enseña, implícitamente, las diferencias entre lo especial y lo ordinario.

Este aprendizaje implícito es inevitable en el lenguaje. La distinción entre tu *y* vous *en francés conlleva una clasificación en comunicación formal e informal. Las diferencias entre los objetos femeninos y masculinos conllevan igualmente connotaciones distintas por convenio.*

El lenguaje, además, nos ayuda a tipificar nuestro mundo, convirtiendo experiencias nuevas en ya familiares. Así, a partir del conocimiento de sus reglas, puedo adivinar qué comportamiento tomar en el caso de un nuevo invitado, o de un compañero de viaje eventual. También tengo información lingüística previa de qué pasará en un funeral, una boda o una interview *para seleccionar empleados en un trabajo.*

Toda esta enorme cantidad de datos almacenados a través del proceso de socialización cognitivo me informa de que estoy, de hecho, muy condicionado sobre qué recordar, qué olvidar y cómo procesar la información. Como es un proceso implícito en gran parte, y solo me doy cuenta de su existencia cuando me resisto a aceptarlo, este impacto sociomental es uno de los más potentes e insidiosos medios de control sobre las personas.

Sin embargo, como es fácil constatar, existen enormes diferencias cognitivas entre individuos del mismo grupo social, es fácil concluir que la manera de pensar de cada uno no está, ni

and to laugh at the same things that they find funny. Only then do we actually enter the social world.

Some of our cognitive socialization is done quite explicitly through formal education, which accounts for the considerable cognitive differences between people with different amounts of formal schooling even within the same society. Yet unlike our moral and behavioral socialization, much of it is also done rather *tacitly*. When a young boy returns with his mother from a long day downtown and hears her account of what they did and saw there, for example, he is at the same time also getting a tacit lesson in what is considered relevant (and memorable) and irrelevant (and forgettable). Though it is only implicit, such a lesson is an important part of the process of learning how to attend, as well as how to remember, in a socially appropriate manner.

Consider also the way we learn various conventional distinctions. Such cognitive socialization is sometimes done quite explicitly, as when we formally learn in school the difference between fruits and vegetables or gases and liquids, yet much of it is picked up rather tacitly. By noting that some guests always come to her house as part of a larger group whereas others also come by themselves (or that some of them also eat in her kitchen whereas others always eat only in the dining room), a young girl implicitly learns the fine cultural distinctions between formal and informal relations as well as between various degrees of intimacy. Similarly, by noting that some things in his apartment are always kept in the bedroom or inside drawers whereas others are conspicuously displayed in the living room or on the wall, a young boy also learns the important social distinction between the private and the public. The presence of special clothes and tableware on holidays likewise helps introduce both of them to the equally elusive cultural distinction between the special and the ordinary.

Such tacit socialization is also an inevitable part of the process of learning a language. After all, when young

mucho menos, determinada por las reglas sociales. Una razón sociológica de este hecho es la pertenencia simultánea a muchos grupos y subgrupos sociales por un mismo individuo. Consecuentemente, tenemos distintos discursos y, a menudo, cambiamos de manera de pensar cuando estamos en distintos grupos sociales.

Esta diversidad cognitiva es una de las características de la vida moderna. A pesar de la gran homogeneización que ejercen los medios masivos de comunicación, nuestro mundo se caracteriza hoy por la pluralidad cognitiva.

Las raíces de esta pluralidad son en parte estructurales. La mayor movilidad social (con aumento de divorcios, emigración, etc.) produce mentalmente modelos de comportamiento modernos, en los que cada individuo pertenece simultáneamente a varios grupos sociales de conocimiento.

Para apreciar correctamente las implicaciones cognitivas de dicha red de afiliaciones sociomentales, basta con considerar la estructura social de nuestras memorias. El individuo moderno está situado en la intersección de comunidades mnemotécnicas muy separadas entre ellas, y existen pocas áreas de contacto entre él o ella siendo americano, abogado, criminal, o aficionado al fútbol. Consecuentemente, disminuyen las posibilidades de compartir memoria con otros individuos. Mientras que en las sociedades tradicionales monocéntricas, las acumulaciones de memorias son similares de un individuo a otro, esto es ya raro en las sociedades modernas.

Este factor de divergencia en la memoria explica en parte la resistencia del individualismo. Al estar situados en intersecciones únicas y en unas bien separadas comunidades de conocimien-

French speakers learn to address some people as *tu* and others as *vous*, they are at the same time also being implicitly sensitized to the cultural distinction between formal and informal relations. By the same token, learning that hats are considered grammatically masculine whereas suitcases are regarded as feminine also introduces them to gender distinctions in general.

Furthermore, language helps us typify the world and thereby transform every novel experience into a somewhat familiar one. Thus, by downplaying their uniqueness and regarding them as typical members of certain categories, I come to feel that I somehow know what to expect from a «guest» or a «fellow passenger» whom I have never even met before. Likewise, whenever I go to a «funeral», a «wedding», or a «job interview», I already have a rough idea of what it will be like.

The fact that we undergo massive cognitive socialization also underscores the considerable amount of control society has over what we attend to, how we reason, what we remember, and how we interpret our experiences. Since it is normally taken for granted except when we try actively to resist it, such *sociomental control* is one of the most insidious forms of social control.

And yet, the fact that people in any given social environment are clearly not all cognitive clones of one another suggests that, despite all this, the way we actually think is by no means totally determined by society. The main sociological reason for this is that each of us is a member of more than just one thought community and therefore inhabits several different social worlds. As a result, we each have a rather wide cognitive repertoire and often think somewhat differently in different social contexts.

Such cognitive diversity happens to be one of the major features of *modern* life. Indeed, despite the obvious homogenizing effects of television, advertisement, and

to, tendemos a desarrollar un conocimiento individual muy fuerte y único. Cuento más compleja sea mi red de relaciones, más personal es la construcción de mi memoria y más singular.

El pluralismo cognitivo moderno es, además, fruto de la progresiva diferenciación estructural y funcional de nuestras sociedades modernas. En un mundo cada vez más compartimentado y especializado es evidente que la cognición será cada vez más diversa. Cuanto más diferenciados en estructura y en función, más diferentes somos uno de otro, y así habitaremos comunidades de pensamiento más específicas.

En cualquier sociedad existe un elemento de diferenciación social que exige formas especializadas de cognición social. En las sociedades modernas, no obstante, donde la división del trabajo es muy compleja, existe también una división del conocimiento muy elaborada. Nadie confía en que un tratante de arte, un agente de viajes, o un cocinero, compartan los mismos conocimientos, de la misma manera que las habilidades de un policía o de un detective no son las mismas que las de un jugador de fútbol. En un mundo en el que los doctores especialistas en el oído quizás no leen las mismas publicaciones, no es ya extraño que los adolescentes elijan las asignaturas en su escuela.

Está, pues, bien claro que los procesos de socialización cognitiva siguen tras los seis años de edad, al menos mientras vamos entrando y saliendo de nuevas comunidades sociales. Además de una socialización cognitiva primaria para adquirir los conocimientos básicos de nuestra profesión, de acuerdo con nuestro papel en la sociedad, seguimos otros procesos secundarios para adquirir otras habilidades más especializadas dentro del proceso primario anterior. Como niño, aprendo a leer, escribir y

popular culture, modern society is distinctively characterized by its *cognitive pluralism*.

The roots of modern cognitive pluralism are partly structural. Greater social mobility (as manifested in considerably higher rates of immigration, intermarriage, and remarriage) inevitably produces modern affiliation patterns that, in marked contrast to the somewhat monocentric structure of more traditional social networks, involve membership in more than just a single social community. As a result, most people today belong to multiple thought communities.

To appreciate the cognitive implications of such distinctly modern web of sociomental affiliations, consider the social structure of our memories. The modern individual is typically situated at the intersection of several quite separate mnemonic communities, and there is very little overlap between his or her memories as an American, as a criminal lawyer, and as a basketball fan. This inevitably diminishes our mnemonic commonality with other individuals. Whereas in a more traditional, monocentric social structure individuals' recollections are not that different from those of others, that is rarely the case for most of us today.

This may also help explain the considerable appeal and resilience of cognitive individualism. Given that we are socially situated at unique intersections of rather separate thought communities, our cognitive makeup also tends to be more unique. Thus, as the networks of my social affiliations become more complex, my memories inevitably become more individuated and thus personal.

Modern cognitive pluralism is also a by-product of the growing structural as well as functional differentiation within modern society. After all, in an increasingly compartmentalized and specialized world, one should not be surprised to also find greater cognitive diversity. As we become both structurally and functionally more different

contar (o sea habilidades primarias que deben adquirir todos los individuos de una sociedad). Más tarde se habrán de adquirir otras habilidades para ser bibliotecario (y no dentista) o un estilo específico de pensar propio del cirujano, y no del poeta.

También hay que aceptar que las raíces del pluralismo cognitivo moderno son también ideológicas. El rechazo moderno de cualquier hegemonía intelectual ha disminuido el poder de la religión sobre los procesos de socialización del conocimiento en los individuos, llevando a procesos muy dispares, en muchas ocasiones opuestos los unos con los otros. Igualmente importante ha sido el rechazo de las formas tradicionales, al aumentarse así las dificultades de tener conocimientos comunes. Después de todo, en un mundo en el que el software *de los ordenadores se revisa cada año, en contraste con los textos canónicos religiosos –la Biblia o los Vedas–, que se revisaban cada mil años, no es difícil adivinar que cada día se compartirán menos conocimientos.*

El rechazo de la tradición desde la modernidad se refuerza con la dedicación a lo individual como regla general y a lo original en lo particular. En total contraste con la sociedad tradicional, en la que a través de la educación, se esperaba un pensamiento que fuese una repetición de lo que se pensaba antes, la educación moderna predica escepticismo respecto al pasado (y una cierta irreverencia) y un espíritu libre. Si en algún período de nuestra historia se premia el individualismo y la originalidad, este período es hoy. Personas que hace cinco siglos hubiesen sido quemadas por negarse a pensar como todo el mundo, hoy son apreciados y ganan el Premio Nobel justamente por su originalidad.

En una revista dedicada a las relaciones entre la mente, el territorio y la

from one another, we also come to inhabit more specialized thought communities.

In every society there is an element of social differentiation, which certainly calls for some specialized forms of cognitive socialization. In modern society, however, where the division of labor is particularly complex, there is also a more complex *cognitive division of labor*. After all, one would not expect an art dealer, a chef, and a travel agent to share the same stock of professional knowledge, just as one would not expect the cognitive skills of police detectives to resemble those of baseball players or mechanical engineers. In a world where eye and ear doctors may no longer even read the same professional journals, it is hardly surprising that even young children already get to choose their own electives at school.

Given all this, it is quite clear that the process of cognitive socialization does not end at the age of six but continues indefinitely as we keep entering new thought communities. In addition to our basic, primary cognitive socialization, where we are inducted into society at large and acquire the knowledge and cognitive skills expected from every single one of its members, we also undergo various forms of secondary cognitive socialization, where we acquire the more specialized knowledge and skills that are required in specific sectors within it. As a young child, I therefore learn to speak, read, and count – primary cognitive skills that are expected from practically everyone else around me (yet which may vary from one society to another as well as historically within a given society). Later, however, I also acquire the more specific knowledge expected from a librarian (but not from a dentist), the more specialized vocabulary I will need as a food critic (but not as a stock broker), or the particular style of mental focusing required from surgeons (but not from poets).

Yet the roots of modern cognitive pluralism are partly also ideological. The modern opposition to any form of intel-

sociedad es esencial examinar de qué manera lo espacial y lo mental están formalizándose en lo social. Más específicamente deberíamos ver de qué manera nuestro medio social usa el espacio para pensar sobre los aspectos no espaciales de nuestra vida humana. Como intentaré ahora descubrir, la manera en que dividimos el espacio debería ayudarnos a entender de qué manera dividimos nuestro mundo social.

Las particiones espaciales dividen más cosas que espacios. Líneas que parecen discretamente dividir solo extensiones de espacio físico separan, de hecho, entidades mentales como naciones y grupos étnicos entre ellos. Por ello damos tanta importancia a los actos de traspasar estas líneas. Así se explica la fuerza del muro de Berlín como separación entre democracia y comunismo, y también el hecho de representar el paso de una etapa histórica a otra, como el derribo de una barrera.

Las distinciones mentales que hemos descrito eran muchas veces abstractas y difíciles de capta; por ello, muchas veces usamos la diferenciación espacial, *para reforzar la diferenciación* mental. *Al dividir nuestra casa en habitaciones, dividimos no solo el espacio, sino funciones diversas, tipos de cultura (estudio) y naturaleza (baño), actividades más formales de otras más informales. Igualmente en los estantes de una tienda musical, se separan músicas clásicas de tradicionales, y en los grandes almacenes se separan los mudos de las mujeres y de los hombres. También usamos los muebles y los cajones para clasificar los objetos según una clasificación mental, dividimos los alimentos según su significado y su uso, y hasta usamos los espacios para reforzar nuestra clasificación cultural de lo sagrado y lo profano, lo peligroso y lo saludable, lo permitido y lo prohibido, etc.*

lectual hegemony is directly responsible for the decline of the practically monopolistic authority of religion over individuals' cognitive socialization, which has in turn led to a proliferation of widely different thought styles that are at considerable odds with one another. Consider also the distinctly modern rejection of traditionalism, which inevitably reduces our cognitive commonality. After all, in a world where computer software programs are revised almost every other year (in marked contrast to traditional canonical texts such as the Vedas or the Bible, which have yet to be fundamentally revised after a couple of millennia), there is clearly less and less that individuals cognitively share in common.

The modern rejection of tradition is also reinforced by our strong commitment to individuality in general and originality in particular. In sharp contrast to more traditional (religious, military, juridical) systems of education, where individuals are basically taught and expected to cognitively reproduce what their predecessors have already thought before them (and which are therefore rarely concerned with plagiarism, for example), modern education promotes a pronouncedly skepticist (and thereby inevitably irreverent) spirit of free inquiry. If there was ever a period in human history when individuality and originality were celebrated to such a great extent, it is now. People who only five centuries ago would have been burned alive because they refused to think like everyone else around them actually win Nobel laurels today precisely because of their unabashed display of unbridled originality.

In a congress dedicated to the interaction between mind, land, and society, it is critical that we also examine the way in which the relations between the spatial and the mental are shaped by the social. More specifically, we might want to look into the role of our social environment in affecting the way we use space to think about *non-spatial* aspects of social reality. As we shall now see, examining how we partition space can help understand the way we partition our social world.

La importancia mental de las particiones espaciales es también evidente en cómo las fronteras entre barrios indican la marginación entre clases sociales y su separación. En el ejército, los baños para oficiales refuerzan la línea de mando. Cuando no hay puertas entre espacios, lo identificamos con uso público, para reforzar el papel de las particiones entre lo público y lo privado. Por lo mismo, los niños quieren tener derecho a cerrar la puerta para mantener su privacidad y su individualidad.

La relación peculiar entre lo espacial y lo mental es un sujeto intrigante que debe ser investigado. Pero nunca podrá clasificarse si no se tiene seriamente en cuenta que está afectada por lo social. Y esto es, justamente, lo que convierte el triangulo entre mente, territorio y sociedad en un nexo crítico de futuras investigaciones.

Spatial partitions divide more than just space. The lines that mark off supposedly discrete chunks of space often also represent the invisible fine lines we envision separating purely mental entities such as nations or ethnic groups from one another. That is why we attribute such great symbolic significance to acts like trespassing. It also explains why the Berlin Wall could represent the mental separation of democracy from communism, as well as why breaking it could serve as a symbolic display of ending one historical era and opening another.

Often abstract and highly elusive, the mental distinctions we make need to be concretized, and we often use differentiation in *space* to reinforce such *mental* differentiation. Partitioning our home into separate rooms, for example, helps us compartmentalize our daily activity into separate clusters of functions (eating, resting, playing), as well as mentally separate culture (study) from nature (bathroom) or the formal (living room) from the informal (family room). Along similar lines, separate aisles in music stores help reinforce the mental separation of the «classical» from the «popular,» just as separate wings of department stores help us keep the worlds of men and women separate in our minds. In a similar manner, we express discontinuities among supposedly separate bodies of information by relegating them to separate drawers, newspaper sections, and library floors, and keep different categories of food separate in our mind by assigning them to separate chapters of cookbooks (casseroles, pies), aisles of supermarkets, and sections of the refrigerator (vegetables, fruits). Similar forms of zoning help give substance to the mental contrasts between even more abstract entities such as the allowed and the forbidden, the dangerous and the safe, or the sacred and the profane.

The mental role of spatial partitions is also evident from the way neighborhood boundaries graphically outline elusive social class differences. Equally revealing is the way separate officer and soldier bathrooms in the army help

articulate status differences. The conspicuous absence of doors from rooms we define as public (kitchens, living rooms) similarly highlights the role of spatial partitions in keeping the private and public spheres separate. And it is the realization that the definition of their selfhood is at stake that makes children so sensitive to the symbolism of having the right to close the door to their room.

The peculiar relation between the *spatial* and the *mental* is a most intriguing topic for research. Yet it can never be fully comprehended unless we also seriously consider the way it is affected by the *social*. And that is precisely what will make the *mind*, *land*, and *society* triangle such a critical nexus of future intellectual attention.

Advanced Practices

Prácticas avanzadas

La arquitectura desde el lugar[1]

Rogelio Salmona

Transcripción de Gladys Fórneas Rodríguez

Imágenes pág. 118-121

Visto el poco tiempo disponible para dar una explicación de las obras de arquitectura en Colombia, leeré este corto texto sobre las motivaciones de las propuestas arquitectónicas, uso de materiales, el redescubrimiento del patio y los espacios abiertos y característicos que utilizo en la arquitectura, el agua, las transparencias, la luminosidad de la región andina..., aspectos que explicaré en la proyección.

Al hacer arquitectura he pretendido responder de la mejor manera a las necesidades habitacionales y espirituales de la sociedad colombiana, nada más, pero nada menos.

He tenido, en consecuencia, que estudiarla, compenetrarme con ella y conocerla no solo en su historia, en las necesidades de los distintos grupos sociales, sino según sus anhelos y esperanzas. He entendido que hacer arquitectura en América Latina, y eso es para mí muy importante, es también un acto político en defensa de lo público; las intervenciones arquitectónicas en la ciudad, la defensa del paisaje, la estética considerada como ética y la lucha contra la segregación espacial son y han sido motivaciones para ejercer este oficio, que, como dijo Le Corbusier, "es un cariz del espíritu" y así lo he entendido. Pero, además, lo entiendo, y esto es personal, como un puñado de nostalgias de lecturas, de descubrimientos y sobre todo de pasiones.

Con la arquitectura transformamos la naturaleza y moldeamos la ciudad, es el pálpito del lugar y el lugar del encuentro entre razón, encantamiento y poesía, entre claridad y magia. En respuesta a esos anhelos, nuestra arquitectura debe producir goce y emoción y permitir

a través de ella descubrir el entorno geográfico. En otras palabras, la arquitectura, creo yo, es producto de la íntima relación, la confluencia, entre geografía e historia, y así se caracteriza cada arquitectura, cada lugar, cada espacio. De la historia por más incipiente que sea, hay siempre una lección para conocer, interpretar y mantener una memoria sobre lo que se hizo y perdura. Y de la geografía, estas regiones majestuosas e indómitas dan, no enseñanzas, sino motivaciones que permiten enriquecer nuestra espacialidad.

Pero, para mí, es sobre todo, también, una ética; es pensar el presente, sostenido por el conocimiento de esa eterna historia, como diría Unamuno, y prever el futuro.

En América Latina nuestra arquitectura no puede ser efímera ni pasajera, debe ser más bien sólida y duradera y, sobre todo, bien construida.

Es una contribución al espacio urbano de una ciudad que se edificó con enormes problemas y no ha tenido tiempo de consolidarse.

Hacer arquitectura no es solamente un problema funcional y de eficiencia, es un acto cultural colectivo e histórico, un acontecimiento para el paisaje y para los sentidos; es también un acto de rememoración, es recrear, continuar en el tiempo lo que otros a su vez recrearon; es un acto culto, porque no se recrea lo que no se conoce, por ello nos conviene mirar atrás, mirar nuestra propia arquitectura, estudiarla y conocerla, sin desconocer, claro está, la arquitectura universal. Nos conviene recorrer esos lugares de América tan llenos de sabiduría y de dulzura, tan llenos de dudas y hasta de aciertos.

Son espacios que fracturan la composición buscando el acontecimiento, espacios que anunciando el lugar crean signos y obligan a activar los sentidos. Espacios evocadores que crean la atmósfera de cada lugar, espacios que son un pálpito.

Las ciudades colombianas, como la mayor parte de las ciudades de América Latina, han sufrido impactos graves, algunos irreversibles, que han modificado los significados culturales y que han disminuido las opciones de vida.

El desproporcionado crecimiento de la población, la falta de viviendas, de espacios públicos, de servicios y, sobre todo, la pobreza, han agravado el deterioro social y ambiental, acrecentando a su vez la segregación social y espacial y fragmentando aún más la ciudad. Esto a pesar de los enormes, gigantescos esfuerzos hechos en los últimos años, en que se han recuperado enormes cantidades de espacio público, en Bogotá estoy hablando, se ha construido una red de más de 52 bibliotecas, 70 escuelas, 20 jardines infantiles, e inventado y creado un sistema de transporte público digno, que podría volverse modelo para América Latina.

Si en otras latitudes las ciudades se construyeron en variaciones formales poco perceptibles, las latinoamericanas, en cambio, sufrieron alteraciones físicas de tal magnitud que dejan de ser apreciadas y sobre todo reconocidas por sus habitantes. Los impactos producidos por la especulación urbana, y en algunos casos por pésimas gestiones administrativas, crearon una mutación que aumentó la fragmentación y la segregación social. Muchos lugares consolidados, parques y espacios naturales, como ríos, quebradas, fueron arrasados en forma inmisericorde, la mayoría de espacios tradicionales desaparecieron, con excepción de unos pocos, conservados tardíamente, sobre todo para crearse una buena coincidencia y guardar algo de la memoria urbana, pero olvidando desafortunadamente que la memoria, la historia y la cultura son tan importantes como los mismos espacios y la misma arquitectura; al perder unos se pierden los otros.

La ciudad dejó de contemplarse, perdiendo esa capacidad de *enrancia*[2] a la que tan bellamente cantaba Baudelaire; por consiguiente, para nosotros recuperar la ciudad, su paisaje y sobre todo su sentido de lugar es recuperar hábitos no del todo perdidos, pero es también crear una nueva morfología que responda a necesidades reales, como las construidas en la memoria colectiva, recuperando referencias urbanas perdidas, algunas de ellas escondidas como tesoros, creando nuevas que permitan gozar del transcurrir del tiempo, y lograr otra vez que la contemplación sea una función de la vida. Es una tarea urgente, que nos corresponde a todos, porque recuperar la ciudad es recuperarnos a nosotros mismos, como habitantes que somos, y sin olvidar que también somos invitados de la vida, como diría George Steiner, debemos descubrir su esencia. Amar y errar en sus espacios públicos y encontrar sus aspectos más poéticos, su paisaje natural, siempre presente, pero poco evidenciado y valorado. En otras palabras, debemos singularizar nuestras ciudades, ponerlas en resonancia con su paisaje, que es una de las grandes riquezas que tienen las ciudades latinoamericanas.

La ciudad es una totalidad, pero cada uno de los lugares que lo conforman es singular. La historia que las formó y las clases sociales que las habitan les dieron características propias y particulares. Y esa diversidad es una de sus inapreciables riquezas, que se traducen en la especialidad, en la forma de cada lugar, de cada barrio, cada paisaje urbano diferente pero análogo al de los demás. En otras palabras cada lugar de la ciudad debe conservar su sentido, su *genius loci*, su paisaje y su morfología, inclusive su vegetación, que puede ser tan diversa como sus propios habitantes.

Al singularizar la ciudad, se debe permitir también (y repito) la enrancia, el descubrimiento, sus aspectos más poéticos. La falta de diversidad en la ciudad contemporánea, especialmente en América Latina, se podría reparar con una intervención más respetuosa y un mejor conocimiento de cada uno de esos lugares, además de una comprensión topológica y por consiguiente paisajística que incluya el análisis de las diversas arquitecturas existentes.

Estos estudios nos deben conducir también a una idea de la ciudad anclada en la memoria y en el tiempo, que a fin de cuentas es el camino de la poesía.

Por otra parte, las ciudades latinoamericanas hechas de pedazos, de fragmentos, de recuerdos, a veces de ruinas que conservan sortilegios, misterios y posibles descubrimientos, dejan crear nuevamente un verdadero vínculo entre el ciudadano y su entorno, para que se oponga a la abstemia creada "por una planeación fría y abstracta, por el dominio del capital y la falta de compromiso de algunos de sus habitantes y gestores", como dijo Françoise Choay. La arquitectura, el arte del espacio y del tiempo y la creación urbana son labores que deben ser actualizadas permanentemente poniendo en juego todas las percepciones: visuales, táctiles, sonoras, olfativas, y así contrarrestar la tendencia a hacer montajes de productos comerciales, que no tienen, como algunos elementos industriales, la gracia de envejecer.

La arquitectura y la ciudad forman una unidad indisoluble, dependen la una de la otra, una mejor arquitectura enriquece el espacio de la ciudad y un mejor espacio público valora a su vez la arquitectura.

La modernidad con sus nuevas técnicas no es un impedimento para volver a crear una ciudad y una arquitectura posiblemente distinta a la que conocemos; por el contrario, nos obliga a utilizar, cuando sea el caso, todas las posibilidades tecnológicas y poéticas para que sea nuevamente una expresión de nuestro tiempo.

Finalmente, nuestro deseo y nuestro intento es hacer una arquitectura de esperanzas y de posibilidades, una arquitectura que se resista a ser un instrumento de la especulación. Queremos que la arquitectura y la ciudad, un patrimonio, sean nuevamente una creación al servicio de la comunidad, una ética para el futuro, una solución para el presente, con obras llenas de emoción, diversidad, y de una diversa y emocionada permanencia.

Por mi parte, he tratado de ser consecuente con lo que he expresado; sé claramente, muy claramente, que no lo he logrado como lo hubiera querido. Pero en cada proyecto, de acuerdo a sus circunstancias, he tratado de aproximarme a esos planteamientos, que solo son perceptibles en su lugar, pues es claro también que la arquitectura no se puede ver a través de fotografías, porque tiene una música, una textura, una resonancia y un halo que no pueden abarcar solamente los ojos. Con esta introducción quería simplemente poner el contexto y las ideas que he tratado de resolver e intervenir en los distintos proyectos arquitectónicos que he hecho en Colombia después de diez años en el taller de Le Corbusier, en París.

Las primeras fotos: Vimos algunos aspectos que he tratado de recuperar. Uno son algunas tradiciones que se habían perdido de unas ciudades, las colombianas, con una arquitectura anónima, de muy buena factura, muy bien construidas, en una gran tradición obrera y una gran

tradición fabril, que a mi regreso, en los años 60, del taller de Le Corbusier había encontrado en un enorme desorden y una penetración cultural que, en muchos casos, puede ser muy positiva, pero que me parecía que había sido muy mal digerida por nosotros mismos.

Recuperar, además, el uso del material era también volver a dar trabajo a los obreros colombianos, que se habían alienado con los productos que venían del extranjero, como los sistemas de prefabricación industrial traídos de Francia, particularmente el sistema Camius.

El obrero ya no sabía realmente qué estaba haciendo, había una perdida del oficio y me pareció fundamental volver a pensar qué era el material, qué era el ladrillo, cómo se debía trabajar el hormigón, qué posibilidades había para que esa gente, la enorme población que vive de la construcción, volvieran a tener un oficio digno y sentirse ellos mismos artífices de la construcción de la ciudad.

(A partir de aqui voy a descubrir algunas obras):

– Son obras de los años 59 y 60 en los cuales el gran esfuerzo fue volver a entender y trabajar con los obreros, para saber cómo se construye realmente un muro, cómo se abre un vano, cómo se pone un aparejo; no se trata simplemente de decirle al obrero: construya este muro de acuerdo a un dibujo que en el plano son dos líneas, sino que tiene un gesto, un ritual, tiene un ritmo que hay que saber conocer e interpretar para que el obrero, al mismo tiempo que el arquitecto, tenga un goce al hacer la obra, y el trabajo sea una alegría. Pero al mismo tiempo, yo traté desde el comienzo de solucionar, en forma muy coherente, lo más coherente posible, no quiero decir muy coherente porque sé que no lo he logrado, en la forma más coherente posible, esa relación directa que hay entre luminosidad y arquitectura. Por ejemplo, aquí hay dos ejemplos característicos de los cambios de luminosidad, casi una hora después de que se ilumine enormemente el cielo, se oscurece, el cielo se vuelve plúmbeo, incide bruscamente en la arquitectura, cambia la textura, cambia la visual, cambian los colores, vuelve y se aclara, vuelve y se oscurece, puede que la humedad desaparezca, esa humedad empieza a irisar el espacio, se seca inmediatamente porque el sol sale, aparece, calienta, se irisa el espacio. El espacio cambia de tonalidades y es un acontecimiento permanente de la arquitectura; en ese lado del continente, a 2600 m de altura, en que el clima es un elemento tan importante, es uno de los materiales importantes de la arquitectura.

– También está presente el uso del agua, que era una de las tradiciones de la arquitectura, no solo colombiana y morisca, con la gran influencia de la arquitectura española en América. Hay que volver a pensar el piso, el tratamiento de la superficie del piso que es el fondo del paisaje del peatón, en el cual el agua será también una protagonista de la arquitectura y justamente por las condiciones topográficas, tan particulares del medio colombiano, en que hay muchas diferencias de niveles, una zona montañosa, pues el agua va

corriendo y la arquitectura va ayudando a que con ese transcurso del agua, con ese transcurrir del tiempo al ver el agua, sienta uno que ve solamente el agua que corre, sino que siente el tiempo transcurre en uno mismo.

– Elementos que pueden ir configurando una especialidad característica, con algunos cambios de colores, o sitios donde nace el agua, como fuentes, eso inspirado en arquitecturas europeas y americanas.

– Hechas con ladrillos y diferentes materiales, y también me pareció importante, en el uso de los techos, los sistemas abovedados, y ahí me inspiré en algunos de los códices antiguos mexicanos, en esos maravillosos poemas, tan poco conocidos; uno de ellos lo usé varias veces como un elemento poético, dice: "Cuando entro en mi casa, entro en la tierra, cuando salgo de mi casa subo al cielo". He tratado, por consiguiente de realizar esa idea, de poder hacer ese recorrido, tanto a nivel del piso como a nivel de los techos. Y con los techos formando parte de un elemento importante en relación con el paisaje.

– La continuidad de espacios, como se ve en la casa, primer ensayo de lograr espacios continuos, hechos en baterías, espacios abiertos. Uno va penetrando en la casa, a medida que va descubriendo patios y va penetrando en diferentes lugares.

Esos patios son muy importantes, inspirados a su vez en un bellísimo poema de María Zambrano, que dice: "El patio es un aljibe del cielo". Me parecieron muy importantes esos elementos; introducirlos en la arquitectura, y a medida que se va circulando, descubrir diferentes aspectos del entorno y del paisaje, poniendo en evidencia la geografía del entorno

– Los proyectos están hechos y la composición arquitectónica está hecha en función de las relaciones que encontré al pensar el paisaje y al tratar de hacer ese diálogo entre la arquitectura y el paisaje, especialmente desde el interior desde donde se ve, por cambios de techos o ventanas abiertas en diferentes sitios; se va creando una relación y se van poniendo en evidencia algunas partes del entorno.

– La luminosidad interior también en tratamiento del techo, para que penetre la luz en el interior y vaya creando cambios en las distintas horas del día, porque la penetración de luz en el espacio interior crea cambios perceptibles distintos. La percepción entra en juego y es un elemento que me pareció importante al iluminar los interiores de acuerdo con la luz solar y poder dar variación al interior de los espacios arquitectónicos.

– Las entradas a las casas siempre a través de pórticos y pérgolas, con vegetación.

– En 1964, se me pidió una primera intervención, de enorme tamaño, en el centro de la ciudad, al lado de la plaza de toros de Bogotá, que estaba hecha por un arquitecto español en los años 30 en un falso estilo morisco, hecho en ladrillo, con una fábrica muy, muy elaborada. Se trataba de crear un elemento de altísima densidad, basado en un paralepípedo de 180 metros de largo por 35 pisos de altura, que Le Corbusier había dejado como planteamiento con sus unidades de habitación, cuando en 1948, 1949 y 1950 hizo el Plan Regulador de Bogotá. Yo desde entonces estaba muy preocupado con esa relación de paisaje y arquitectura. Traté de romper ese molde, ese paralepípedo, que evitaba la transparencia entre las montañas, la luminosidad y la misma ciudad que estaba en la parte de abajo. Hice una propuesta de romper esa composición funcionalista y racionalista de ese momento, proponiendo tres edificaciones, como se ven en las siguientes fotografías, que emergieran como si nacieran del piso, y crear una visión diferenciada de cada uno de los lugares de la ciudad. Me parecía que el paralepípedo, sólo de acuerdo con la orientación a medida que uno se acerca o se aleja, debía crear una imagen diferente de los distintos puntos de la ciudad, y a medida que uno fuera penetrando en él, la especialidad fuera creando otro aspecto y otra relación con la escala del habitante.

– Se ven aquí distintos aspectos de la edificación a medida que uno se acerca; traté de trabajar con enorme cuidado, no sé si logrado o no, pero traté con enorme cuidado los cambios, las esquinas como se ven en las fotografías, por los que podía, por unos giros en la edificación, iluminar la parte no asoleada de la calle, o del espacio que no tiene sol en esos momentos. Para crear elementos sorpresa, que puedan durar unos segundos, unos minutos, como sucede allá, en ciertos momentos del día, que pueden crear una diversidad enorme en el edificio.

El edificio me parecía que debía ser también una especie de atributo del lugar en que es construido. En la fotografía de la derecha se ven uno de esos instantes de luminosidad en que entre el piso y la última parte del edificio, que tiene 30 m de altura, hay una continuidad producida por la forma del edificio y por el escalonamiento. Para el peatón, a medida que va subiendo, hay continuidad hasta la parte más alta del edificio y se van creando espacios diferenciados, pues era esa parte la que me importaba lograr.

– Muestran algunos aspectos de los pasos peatonales y lo que me interesa mostrar aquí es que en ese momento en Colombia había una tendencia a crear espacios excluyentes, espacios cerrados, espacios vigilados por hombres armados. Gran parte de la ciudad en los últimos años se ha hecho con ese espíritu de exclusión, de intolerancia. Yo hice el planteamiento de que los espacios, como la ciudad, debían ser espacios abiertos, que la ciudad es un espacio abierto comunal, donde existe el encuentro, donde existe la tolerancia, donde no se excluye al otro. Hice esta propuesta, que fue muy combatida, y casi no lo logro. Me parecía que era un acto político importante tratar de que la ciudad y la

arquitectura fueran espacios abiertos en que la propiedad privada comunal fuera exclusiva y pública, que cualquier persona de cualquier otro lugar de la ciudad pudiera disfrutar de los espacios comunales privados.

– Se ven dos ejemplos, estas partes están atravesadas por muchísima gente que va al edificio aunque no vive en el sitio, y no hay puertas, ni cerraduras, ni cloturas. Algunas formas de patios donde alguna gente de otros lados viene a usar el espacio público.

– También el escalonamiento, el uso de las terrazas, que los días de toros se llenan de gente. Eso tiene una gran importancia porque el edificio vive, se mueve; la gente, en vez de sacar pañuelos como en la plaza de toros, saca sábanas, por la distancia a la que están; es importante que haya participación del ciudadano en los acontecimientos que suceden en el entorno.

– Una de las dificultades grandes que se tiene al hacer un muro de ladrillos de estas dimensiones, es que es muy difícil de horadar, son superficies gigantescas en las cuales la gran dificultad es no hacer perder el atributo al ladrillo, sino con grandes dificultades, abrir esas ventanas si son necesarias y al mismo tiempo ir creando un ritmo. Las soluciones de las esquinas.

– Los espacios de alrededor con las grandes pendientes tienen rampas a los lados; es importante este juego amplio, ancho, para permitir la luminosidad, la luminosidad inclusiva; las flechas van indicando donde se van a encontrar las rampas laterales y la gente va usando esto de una forma muy fácil, se la han apropiado muy fácilmente.

– Es un proyecto gubernamental que fue otro de los grandes problemas que tuve que resolver, es una casa de huéspedes de la presidencia de la República de Colombia, hecha en un sitio donde queda un viejo fuerte español del siglo XVI, que había sido destruido en las distintas incursiones piratas buscando el oro de Cartagena. Estaba en una situación muy deteriorada, yo propuse una casa en base a siete patios, con catorce alcobas, dormitorios con salones y una serie de patios de diferentes características, usando de nuevo el viejo fuerte y la obra nueva, que tiene 1200 m^2 (y el fuerte tenía apenas 100 m^2), así que traté naturalmente de que la obra de gran tamaño no absorbiera la primera. Un alejamiento adecuado, hubo un cambio en la techumbre para que no se absorbiera la obra original. Usé la bóveda catalana, que no está hecha en arcilla, sino con un ladrillo, por razones estructurales, Colombia es un país con alto riesgo sísmico.

La bóveda catalana o sarracena debe ser usada en otras condiciones, pero el principio es el mismo. Las siguientes fotos tienen relaciones muy claras a medida que se circula por la diagonal; en alguno de los entornos tradicionales de la ciudad de Cartagena se van

pasando una serie de patios, hay cambios de niveles; en el fondo, esta Cartagena de Indias que sirvió como eje de composición; al salir se está viendo siempre la ciudad amurallada, la ciudad vieja en el fondo. Hay rampas para subir al techo, agua por todos lados y volví a usar los elementos de la muralla cartagenera, abriendo de nuevo las canteras que habían cerrado, pero que los obreros trabajaban con mucho cuidado; me pareció importante volver a reconstruir esa unidad y esa tradición.

– Se entra y se pasa a través de los patios, hay cambios de luminosidad porque lo que estaba tratando de crear eran grandes sombras.

– Es una ciudad donde las temperaturas son muy altas y al mismo tiempo quería crear grandes transparencias a medida que se va circulando por los distintos sitios. Esto lo pensaba como uno de los aspectos de la ciudad colonial, de la ciudad tradicional española en América, que está hecha a base de patios, de calles, de zonas de encuentro, de rincones, pero dándole siempre continuidad, para que no existan patios cerrados, en que al final uno se encuentre un muro y tiene que volverse. Siempre se encuentra un sitio donde se puede volver, sin recorrer el mismo camino, como sucede en una ciudad.

– Aquí hay diversos tipos de patios; como la piedra esta es una piedra coralina, que es un poco frágil, hice traer ladrillos para poder crear precisamente el diseño del patio y las atarjeas, y volví a usar la palabra atarjea, que es del idioma español, de origen árabe, porque no son canales ni canaletas, son una atarjea, no se puede decir de otra forma, y volví a utilizar otras palabras, como dinteles, que se habían olvidado en el vocabulario colombiano.

Ciertas transferencias al atravesar en sesgo las edificaciones; se amplia la visión del espacio y de vegetaciones diferentes que van cambiando todo el año, van creando una fisonomía distinta, en los distintos aspectos de la casa; la casa vista como un pedazo de la ciudad.

– A veces uno pasa por un lugar, encuentra que tiene que elegir entre dos direcciones, hacia la izquierda o a la derecha, y eso crea una desfamiliarización, que me parece importante, porque finalmente es desfamiliarizarse para volverse a familiarizar, que me parece que es un proceso interesante en el acontecimiento espacial y que debe producir la arquitectura.

– O ese juego formidable que hay entre la oscuridad y la luz, que es la penumbra, tan necesaria en estos climas; siempre existen estos aspectos luminosos y sombríos en el interior de la casa, como existen en el interior de la ciudad de Cartagena.

– Este es un proyecto hecho en ladrillo, en un terreno muy vertical, con 45% grados de inclinación, en el que quedaban solamente seis majestuosos árboles, todo el resto ha sido

arrasado por edificaciones de tipo comercial. Me dije, voy a hacer el proyecto por medio de terraceo, tanto en un sentido como en el otro, tanto transversal como longitudinal, conservando los árboles que existen en el sitio.

– Este es un proyecto que se escalona; en el centro subsisten los árboles, hay un gran camino que va evitando tocar las raíces de los árboles, y fue un trabajo no difícil, sino simplemente cuidadoso, y va creando justamente esa especialidad que tiene terrazas en un sentido y terrazas en el otro, creando una concavidad en el centro.

– Como se ve acá, son diferentes terrazas, iluminar con la luz del sol del occidente y del oriente, que va marcando bien francamente la arquitectura, hay terrazas en cada una de las viviendas.

– Este es un centro comercial de esos sitios que habían sido abandonados, en los que se trató recuperar la manzana tradicional para ser vivienda económica, vivienda social, con un centro cultural en cada uno de esos sitios, un centro cultural abierto a todo el mundo, alrededor de un patio donde hay sala de teatro, sala de juegos, aulas para niños. El interior de los patios con rampas en relación con el paisaje: ahí se ve una gran influencia de las arquitecturas prehispánicas, hechas a base de patios y de terrazas, como se ven en Teotihuacán, en México, o en ciertos lugares de la Sierra Nevada, Santa Marta en Colombia.

– Sobre todo el uso del detalle, el uso del ladrillo, para permitir ventilaciones, como ven, hay pocas ventanas de vidrio, porque el clima no lo requiere, aunque las noches son frías, pero sin embargo está uso de las galerías, y en el interior de las galerías se encuentran los espacios cerrados. Están hechas con jambas con dinteles, permitiendo la ventilación o la iluminación cenital, que es importante para calentar el ambiente.

– La forma de este conjunto hecho en el centro de la ciudad, conjunto abandonado durante muchísimos años. Traté de recuperar la manzana tradicional española, que era lo que había construido la ciudad colonial, conservando las escalas tradicionales, creando patios interiores y poniendo los coches debajo de la vivienda, no en los espacios verdes. Cada uno de estos espacios, a veces tiene cuatro lados, a veces tiene tres, a veces se rompe para crear zonas comerciales. En fin, la tipología de la manzana me sirvió para armar todo el conjunto y crear una serie de espacios comunales en diagonal, que van a unir distintos sitios dentro de la ciudad.

– La *modenatura*, como dicen los italianos de las fachadas; fueron hechas la primera vez con el uso de la jamba, dinteles y alfajías, diseñadas en fábrica de ladrillos, recuperando hasta cierto punto, en la medida de lo posible, y si la economía lo permitía, espacios cubiertos importantes, donde había mucho sol y mucha lluvia al mismo tiempo.

– Espacios, jardines internos; hay ascensores, con caminos, galerías, que van llevando a las distintas viviendas de distintos tipos. Hay 17 tipos de viviendas entre 50 y 90 m² cada una.

– Gran camino central de uno de los distintos espacios, son todos variados; trataba de dar, dentro de esa arquitectura monótona de todas las cosas iguales, la mayor variedad posible. Diversidad posible en el interior de cualquier espacio arquitectónico.

– Detalles de fachadas; esto sirvió para poner materas, para poner plantas, no son balcones para salir, no había dinero para eso, pero sin embargo la gente lo ha usado como se lo propuso, para llenar todo esto de plantas. En los primeros pisos se entra por la escalera y en los otros se entra por las galerías.

– Los elementos verticales, donde están los ascensores, los servicios, los tanques de agua, las zonas eléctricas, etc. me sirvieron para crear unos elementos que tuvieran relación con algunos elementos, hitos del entorno arquitectónico, dejando transparencias y permitiendo que a través de esos elementos se creara alguna diversidad, distinta a la monotonía que podían dejar las viviendas todas iguales.

– Las jambas permiten la ventilación de los sitios de trabajo; los puentes metálicos permiten ir de cualquier parte, de cualquier ascensor, de cualquier lugar de entrada, a todos los sitios. Y eso lo hice no tanto para facilitarle a la gente, que ya es importante, el acceso a sus viviendas, sino para los juegos de los niños. Los niños recorren todos los edificios de lado a lado jugando y es muy importante verlos correr y entrar dentro del edificio.

– Este es un museo en una zona a 400 km de Bogotá, hecho también con patios; es un museo para recuperar el oro de Quimbaya, que Colombia había perdido, y espera, pues el oro no ha llegado, y quizá no llegue nunca. Pero se hizo el museo, un centro cultural. Ese oro está aquí en España y fue un regalo que hizo un presidente de Colombia a una de las reinas españolas, por la ayuda en un litigio fronterizo en Colombia y Venezuela. Como ven, el patrimonio pasa de un lado al otro con mucha facilidad.

En todo caso, la idea era crear un centro cultural con distintas actividades, porque se trata no solamente de ver el oro, sino de recorrer el edificio que tiene gran altura. Hay rampas laterales; va uno entrando por distintos patios y va encontrando diferentes aspectos del edificio, con agua que la recorre, patios en los cuales, al subir o al bajar, traté de representar la geometría de los vasos Quimbaya prehistórica. Es una geometría muy bella, traté de recuperarla, con las atarjeas y con los cambios de niveles. Claro está, que en las galerías hay rampas para minusválidos y para coches de niños. Pero, sin embargo, los patios están atravesados por estos cambios de nivel y a medida que se sube o se baja se ve la geometría en forma diferente.

– Como se ve hay agua, siempre que la rodea.

– Y aquí hay una cosa importante, es que a las cinco de la tarde, todos los días, no como el poema de García Lorca, sino en Armenia, cae un aguacero torrencial que dura media hora; es el trópico, todo esto se humedece, el agua se ve gotear, el agua a través de las galerías y repentinamente cesa el agua, llega el sol, se empieza a irisar todo el espacio, tanto las paredes como el piso, se va secando, se va irisando, ve uno ese halo de cambio de temperatura. Y es un acontecimiento que la arquitectura permite ver, eso fue lo que traté de hacer. Pensé que no lo lograría, pero sí se logra.

– Atarjeas, canales que recogen el agua, palmas, esto se llena de pájaros cuando no hay gente.

– Este proyecto es un proyecto de recuperación del centro de la ciudad de Bogotá. El Archivo de la Nación. Colombia no tenía archivo, el archivo histórico colonial, que es uno de los más ricos de América entre otras, en cuanto a mapas dibujados durante la colonia española, estaba perdido; hubo que crear una ley de la República para recuperar el archivo y obligar a los militares y la justicia a entregar los documentos secretos. Y se creó el archivo con dos cuerpos, uno público y otro privado: los almacenes donde se guardan los archivos. Yo tuve para esto asesoramiento de España y de Francia, para la creación de archivos.

El Archivo de Simancas ayudó mucho en la parte técnica, tecnología archivística.

– Es la entrada desde un espacio público a un espacio semiprivado, que es una rotonda en el centro; aquí se ven los aspectos de la fachada; está construida en ladrillo ocre, empecé a trabajar este ladrillo haciendo uno distinto al que se hacía normalmente para poderlo asimilar con el hormigón, es un ladrillo no rojizo, sino de color ocre, hecho en caolín.

El caolín permite que al cocer el ladrillo pueda llegar a 2000° a 1500° de temperatura, que es lo que exigían las normas internacionales de la Asociación Mundial de Archivos para avalar el archivo. Porque no quería que al quemar el ladrillo tradicional sin caolín se volviera negro, quería un edificio más alegre.

Sabiamente, por medio de estas jambas, de estos elementos, se ventila el edificio; no necesita del aire acondicionado, como lo exigían las normas, demostré que se podía hacer por medio de ventilación. Cuando el sol calienta una parte, el aire circula, va de la parte fría a la parte caliente y la ventilación en un clima seco como el de Bogotá es suficiente para mantener en forma los documentos. Economizamos millones y millones con esta tecnología apropiada; en los meses de lluvia, que son cuatro meses durante

todo el año de lluvia pertinaz, se usan simplemente ventiladores, para crear y mantener la humedad relativa en el interior.

– Las esquinas, las entradas están tratadas. El patio obviamente está trabajado con un diseño hecho en el sitio, porque eso no se puede dibujar, hecho con ladrillos más cocidos para marcar la forma del espacio, que a la vez sirve de junta de dilatación del material.

– Aquí se ven las jambas, el interior de un edificio en la ciudad universitaria, hecha por los alumnos de Gropius; en los treinta y seis años que han pasado desde que se construyó, no se había construido ningún otro edificio; este es el primer edificio para postgrados, construido con distintos patios.

La entrada hecha con un ladrillo especial; había tres árboles que conservar; una esquina, los auditorios con luz natural, la entrada principal, los cambios de luminosidad interior, la iluminación de los vestíbulos, la sala de lectura muy parecida a una que veremos más adelante, una biblioteca.

– La sala de seminarios, donde hay gente que pasa ocho horas en seminarios; me parecía importante dar una variedad con la iluminación del techo. Va creando una continuidad.

– Un espejo de agua enorme, con el reflejo de la luz y el paisaje de fondo. Algunos aspectos de los techos que recorren. Escaleras, rampas, interiores, exteriores. Los techos estudiados realmente como paisajes de la arquitectura. Los techos estudiados para ser recorridos, con jardines, con un teatro al aire libre, en el techo, en la parte alta.

– Aquí se ve uno de los elementos de la sucesión de patios en ciertas casas, en relación con el paisaje, patios imbricados unos con otros; se entra y se atraviesan los distintos patios para poder llegar al interior de la casa y se va descubriendo el paisaje que lo rodea, con la iluminación particular que producen las diferentes horas del día sobre el techo enladrillado.

– Estas son las últimas obras. La biblioteca más grande de las cincuenta y dos que se realizaron en Bogotá; esta es la más grande, que recoge todo, la que organiza todas las otras bibliotecas. Está rodeada de agua de lluvia, que se renueva, tiene diferentes aspectos, entra en la tierra, vuelve y sube, porque este era un terreno de relleno de escombros de la ciudad, tenía más de 5 metros de altura con 105.000 m^3 de rellenos, que tuvimos que mantenerlos porque era muy costoso sacarlos. Ir horadando el terreno a medida que se fue haciendo el proyecto. Se hizo un canal porque al lado se va atravesado por estos sitios con agua.

– La entrada. Está unido este proyecto con un centro ceremonial en el fondo, un centro ceremonial simplemente para ver el cielo.

El camino lleva del centro ceremonial a la biblioteca. La sala de lectura está protegida para que el sol no moleste y que tenga una luz normal.

La biblioteca de niños, que tiene una escala distinta a la biblioteca de adultos. Distintos aspectos del proyecto. El edificio se recorre por un puente que atraviesa los sistemas de agua.

La hemeroteca que tiene luz cenital en el vestíbulo, se pone en evidencia la belleza geográfica de la zona, lo primero que se ve es esto. Y a medida que se entra, se va viendo el paisaje, es un límite diferente al límite general del proyecto.

El problema de los límites me ha interesado mucho en la arquitectura. ¿Cuál es el límite de la arquitectura? Un muro, una ventana, el cosmos.

– Las salas de lectura de día no necesitan luz artificial, esto es una gran economía entre otras. En las dos salas hay espacios altísimos para sitios de descanso en la misma biblioteca.

– Las salas de los auditorios están iluminadas, y para economizar luz se cierran con sistemas mecánicos que oscurecen completamente. En Colombia es muy importante economizar la luz artificial.

Busqué también, con esto, destacar ciertos aspectos del paisaje, crear al recorrer una simultaneidad de visuales, de paisajes recortados que la arquitectura pone, como en este caso, en evidencia, tanto acá como en otros lados, como veremos más adelante.

Al recorrer esta sala, que es una rampa que va llevando a los techos, se va viendo la silueta de la ciudad en sus diferentes aspectos.

– Los techos recorribles, sitios para leer protegidos del viento. Los tejados desde el auditorio; allá se ven las siluetas de las montañas, que, como decía yo, son una de las grandes riquezas de las ciudades americanas: su paisaje.

– Por ejemplo, al tomar la escalera se ve el agua, desaparece el resto de la arquitectura, aparece otra vez otro elemento, el sol penetra de determinada manera y siempre hay una gran variedad de espacios, hay una simultaneidad de visiones y de espacios al ser recorridos. A otra hora del día, se ve la montaña con un primer plano que corta la horizontal. Y el sol va creando variaciones muy especiales a medida que pasa y uno lo recorre.

La arquitectura desde el lugar

– En la salida de la biblioteca, aquí, hay una concavidad hecha con plantas que casi no necesitan agua y tienen flores todo el año. Y al pasar bajo este puente hay una caída de agua, uno se tranquiliza y entra en el otro espacio.

– El centro ceremonial, que tiene recorridos de agua de lluvia que va circulando entre todo el conjunto. Se ve la biblioteca en el fondo y el paisaje natural que va cambiando, para ver el cielo que es muy movible. Se va viendo muy distinto, a veces oscuro, lleno de nubes y otras veces claro, eso en el mismo día.

– Algunas edificaciones similares a las que habíamos visto, muy incrustadas dentro de la topografía horadada que se hizo en el sitio, porque era muy difícil dibujar esto, por los cambios de niveles.

– Algunas rampas de las escuelas públicas para niños muy pequeños, está hecha a base de rampas porque son terrenos muy pequeños y se necesitan hacer edificios en tres o cuatro pisos.

– Casas en cemento, en hormigón armado con jambas y dinteles creados en la misma forma que para el ladrillo. Puestas en sitios muy escarpados protegidos del sol con prefabricados de cemento.

Agua en el centro para refrescar, esto hecho con bases de prefabricado. En el piso este gran hueco se hizo, este gran vacío, con la fuente de agua, se hizo para ver el reflejo de la montaña que escarpadamente al entrar en la casa se ve en el fondo, casi a 45° el reflejo en el agua.

NOTAS

1. La conferencia enseñó centenares de diapositivas, algunas están reproducidas en las páginas 118-121.
2. Enrancia: de raíz.

Between Art and Architecture

Mikko Heikkinen
mh@heikkinen.komonen.fi

Trascripción de Esteban Jaramillo

Images pages 122-125

... the great masters did both, from Leonardo to Alvar Aalto.

The line between these two disciplines may sometimes be hard to draw. And in the end it is unnecessary. Both were inspired by the same philosophy of their time. They reflected the way of thinking of their time and tried to structure a holistic picture of the world. Today the edge of marriage between art and architecture sometimes seems to be divorced. At least they have two separated house halls. Art is nearly a changeable furnishing chosen by different kinds of comities and left as an autonomous visitor to architecture, which many, especially artists, even prefer. At the same time contemporary architecture is affected by contemporary art, especially European architecture (and I think not too much the American) has been affected by modern American art since the 1960´s. The empirical research into these pictures by many American artists like Robert Irving, Donald Judd or Gordon Matta Clark, just to mention a few, I believe has had a great impact on the architecture practice on this side of the Atlantic. Contemporary art with shapes, moundings, or light, or mind has also created new roles and strategies between artists and architects. I have selected six case studies for this morning covering our experiences with different artists in different situations. So, for the first case the motto could be by the Swiss born artist living in Bern, Georges Stamen: "Everything is relationship, nothing exists by itself". And in this project the roles between architect and artist have been reversed. The artist has been director under whose supervision we as architects have done our autonomous part. Growing Sculpture has not been built yet but hopefully it will be built in Komi Autonomous Republic of Russia in the easternmost

part of Russia west of the Eurial Mountains. George Stamen has some experience on births like these, he has recently renovated the old Tatlin art whole by himself by making an art project out of it. He called the work: Forum of Sustainability. It was supposed to be an artistic intervention and a mode to create or help a research pristine forest conservation biodiversity and sustainable forestry. On the left side you see the map of the Komi Autonomous Republic, and this part here is where this sculpture or project will be erected. In this part of Russia we have the largest forest resources in Europe and also the largest pristine forest, a forest which has not been touched by the human hand. And on the map to the right you can see those black squares and the areas which haven't had any human intervention so far. And these are the mind maps, as the artist Steinmann likes to call them, so now a little bit about his approach to the problem. For instance, our part is actually helping him to design and to organize the actual building of this Forum of Sustainability. The building itself is a kind of peak of the iceberg and under this peak there is a huge amount of research, cooperation, collaboration, organizing the founding ... I don't remember by heart what all these squares and circles mean. But anyway there is a bird wildlife foundation integrated and most of the founding would be coming from the Founding Aids Program in Switzerland. Finland is also to some extent integrated there, and of course the local people on many stages. So we studied the project and I traveled together with George after the launch of the project to the site to learn more about the local conditions. We visited several villages where the local vernacular architecture is very similar to what we have in Karelia on the Russian side of the eastern Finnish border. What was dramatic and very sorrowful here was that most of the villages were almost empty, hardly just a couple of very old ladies still living there. The reason why this thing happened was that during the Stalin era these were called villages without perspective and it meant that inhabitants had to move to the biggest cities, so many of those wonderful places are about to collapse and in a very bad condition, very sad places. This gives you some hint of what is happening there. At the moment the *nouveau riche* are building brick castles like this and the old knowledge, know-how, how to use timber for building has also ... kind of ... almost disappeared. It's a very awkward and clumsy way of using ten by ten centimeters boles with some moss in between, and after erecting the building they just change the corners, there are no skillful joints to be seen anymore. After, we visited some of the six or seven sites we finally found in this place along the river on the low lands of one of the pristine forest areas. The strategy here and why we chose this place was that we were able to create here distance and proximity. On the other hand we have the view from the site, untouched forest almost as far as you can see. These are the first site plans showing the river, the building, and the proximity means that just behind the building there should be very high trees to give the presence of the forest. Also we would like to reintroduce both, the old ways of building using wood locks, but also the new methods, more advanced, technical advanced methods for building. This is a kind of strategically axonometric showing how it's located with the forest behind and views to the river. Well, the next case is even further north, it's five hundred kilometers more to the north, in Rovaniemi on the artic circle where I am

from. We built, more than ten years ago, an airport there and as we all know modern airports are not only a question of architecture, but they are more like machines, instruments. To handle very complicated traffic, luggage and passengers, especially small airports have problems, when having to use very limited space for simultaneous changing flights, flights to Russia, domestic flights, departing and arriving flights. So finally you have this kind of very cryptic maze which has a big impact on the interior of the building. So this is what we did there: The building itself is more or less a kind of a very simple steel frame, but when you are building something in Lapland, specially on the artic circle, you have a very strong call for the narrative and we didn't want, in a way, to respond to this narrative by celebrating Santa Claus but more or less connecting this very special place to its cosmic connections. And what's spectacular here is that we found out that the building was lying exactly on the artic circle in 1992. We called the university in Helsinki and from the experts there we learned that the artic circle isn't a fixed line on earth but it is moving all the time, and it is not only the artic circle but also the equator and everything, so be careful nothing is stable. You can see here how it moves, that's the map, that's the building, and this shows where the artic circle has been in 1970, 1980, 1990, etc. It moves a little bit further north all the time, and in the year ... I can't see it from here (...) it will reach the antipode of Finland and then it will slowly go back again. So what we did was to cut the roof of the building exactly where the artic circle was when we started, when the building process was started. But then the other connection, a cosmic one, which was connected with this building, was done together with the artist Lauri Anttila. We made a small hole... or he made it, he ordered a small hole in the roof of the building and he organized a small mirror fixture there. So you have here the *aparatour* and every time the sun shines, at noon, exactly at noon, it catches the sun rays and reflects them on the floor of the terminal. Depending of the height of the sun of course, the reflected dot down on the floor is in a different point. You are able to see this reflection of the sun maybe for ten minutes on the floor, the next day it will be a little bit in a different place and the next day again in a different place. So if you connect these dots you will get a kind of figure that resembles the figure of the number eight, and that's called the analemma of the sun which shows actually the flying pad, the flying orbit of the earth. And this story is told in all the languages heard here. Lauri Anttila's idea was that modern airports are a little bit today's towers of Babylon where the nations and different languages meet each other. So fasten your seat belts. The next project is the headquarters of McDonalds in Finland. It contains offices, headquarter offices, it's a small educational center for restaurant holders and there is also a restaurant there. What we did there in the first place was to play a little bit with the size. The first sign here is made of perforated metal with light inside so it's very strongly lit in the night time. And then we made a shade on this M sign on the surface of this sunshade kind of sun tray lace which protects the office rooms from the sun. By the way this tray lace structure is made using the so called thermo wood, which is a special method of using wood; you can use northern woods like birch, pine or spruce. You put it into the oven and keep it there for a certain time until it gets a very nice brownish color, it is more sustainable, more resistant than the tropical

woods. It's very economical to use the local woods we have. It's an old thing which is in a way nearly reintroduced, prefabricated ... industrialized. By the way the CEO, the manager of McDonalds, thought this M was too big, he didn't like the idea because he thought that is was banal to make that kind of great big sign there. Now we came with the artistic intervention part of it, the same manager gave us free hands, so we didn't ... were not forced to make any standard type of typical McDonalds architecture. We could do anything we wanted, only for one exception; he wanted that the restaurant space should be styled in the 50's style. So we made a little bit of research on that. This is a young kid collecting these cars there were in coffee packages from the 50's, and this boy is remembered in many films ... is remembered very well. The first artistic intervention was made by Pekka Mannermaa, he is very known in Finland for painting tracks, the track doors. I think you have here in Spain the same kind of artist who paints beautiful woman with very small bikinis on the tracks. This time he made a ... from his own head this kind of 50's icon on the wall. The next intervention was made by Kari Cavén. He is a well known artist in Finland who is playing all the time. He doesn't take anything too seriously. And this time he chose this chair to play with, and you know this chair is a kind of symbol of the design of the 50's. It has many names as loved babies usually have; the first name is by its inventor, Hardoy Chair. It's also known as BKF Chair, African Chair, Continuous Chair, Argentinean Chair, Pampean Chair, Latino, and Butterfly but in Finland it's called Bat Chair. It looks a little bit like a bat. He somehow distorted it, just in a way pressed the structure of the chair and then he made a huge kind of snake which is suspended from the ceiling there ... little by little it opens so on the one hand you almost can sit on it, but on the other hand it's totally flat, and using the same colors as the McDonald's red and yellow. Well the next project is in Munich ... it was a competition some years ago about the new Assembly Hall for the Bavarian Parliament in Munich, and there is a huge castle ... Maximilian's Castle where the Bavarian Parliament is at the moment. That is at the end of the Maximilian's trace which goes through very huge and beautiful parks and what we suggested there ... we didn't want to touch the actual castle at all, but to build the parliament assembly hall in front of ... just in the axis of the Maximilian's trace and it would have been connected by an underground tunnel to the castle itself. We got the fourth prize there. But what is more interesting here is that we collaborated with a fine artist. He is in his sixties, I think, and he is very well known for his very systematical approach in his painting ... mostly he is using some kind of system, painting systems, which are mainly white-black and systems which change all the time according to specific formulas. And the formula we used in this project is described here, so normally when he works he finds out, researches, this formula and after that, when the formula is found, anybody could do it, actually it's normally his son who is doing this more boring painting job. And how we used this idea: all the facades of this new assembly hall are made using this kind of double glass, double facade system. There are two glasses ... the body of the container of the assembly hall is glass, and then there is the outer skin ... something like sixty centimeters, one meter off, there is another glass. And this is the model we made testing this idea, in this we have only one glass but

on the other side of the glass, we have printed the number eight pattern made by Matecuyas, this is the other side, there is another pattern a little bit similar but different use, different colors. This is the other pattern he has made using black color and the other white color. And in reality there will be one meter between these two patterns, and what happens ... the whole facade, the image of the facade will change according to the light conditions, if there is more light coming from inside, or if most of the light is coming from the sun, or it depends on the effect ... the architectural effect depends on the view point of the contemplator ... how you move in or approach this piece of architecture. I will quote one of his readings: "On the other hand my painting can be seen from many positions, whatever, in any direction, whatever, and vise versa, and also for any length of time, whatever. In addition they change as you look at them. In this sense they are different from music, which is bound to a form of time that moves in one direction." I'm sure that Juha Leiviskä, the next speaker, will speak more about the relations between architecture and music. This is back in Helsinki, the capital of Finland. This is the gateway to Vuosaari, a new growing suburb in the eastern part of Helsinki City. And we were asked there by the deputation mayor of Helsinki to do something to this new highway, which was just a highway nothing else, to make it a gateway to this flagship suburb of Helsinki. And it was not an easy task. The speed limit there is 60 km/h, but everybody is speeding there. And what we did there was to combine the lighting system, landscaping and art. In this project we collaborated again with Lauri Anttila, the same person we spoke about in relation to the Rovaniemi Airport. And Lauri actually gave us the hint, the point of departure for the whole thing. Because Helsinki was supposed to be destroyed at the end of the Second World War, in the early 1944 by the Russian airplanes in the same way Dresden was to be destroyed by the Allied forces. And this map is very secret, it's top secret, so I hope you won't tell anybody that you have seen it. And Helsinki is here, this peninsula here is Helsinki and the Vuosaari area where this gateway is. What the antiaircraft force people in Helsinki did was to turn off all the lights in the peninsula, there were no light here, and then they lit huge bonfires in the Vuosaari area. On that time it was unbuilt, there was nobody living there. It was just forest. Russian airplanes (you can see these lines there) missed the city, they thought that the city was there, and they dropped the full load of bombs there, you can see ... that's the place that was more heavily bombed and Helsinki was saved. The only building actually ... they were able to destroy was the Russian embassy ... the Soviet embassy. So our idea was to have these light piles which suspend the actual street lights, but inside these light piles we have a very strong touch light directing the light upwards. And this pile of cigar is made of perforated metal, so when you pass with 60 or 90 km/h you have this moiré effect which resembles a little bit a living fire, so you have ... it's not very strong I must admit, but anyway you have the feeling of having a fire, row fires, bonfires on the way, when you pass this place. Lauri Anttila's own kind of commitment in this project was that he made the biggest sundial in the world. Here you can see the Vuosaari gateway street with its lighting, and he chose four kinds of interactions there...

Sobre arquitectura

Juda Leiviskä
helander.leiviska@kolumbus.fi

Imágenes pág. 126-129

El subtítulo que he dado a esta conferencia es: "Continuidad", y significa, por ejemplo, la continuidad en el tiempo. Es necesario que nos mantengamos en contacto con la tradición. Sin este contacto no habrá consideración en el futuro. Es realmente esencial la consideración simultánea del pasado y del futuro, del tiempo.

La continuidad en el espacio la descubrimos cuando trabajamos con habitaciones, espacios o secuencias espaciales. Nos movemos de una habitación a otra; cada habitación, de alguna manera, está también entre otras habitaciones y espacios intermedios, influenciada fuertemente por este espacio del cual venimos y al cual iremos.

La experiencia de la arquitectura es muy cercana, de esta forma, a la experiencia en la música.

Mostraré algunos ejemplos, en su mayoría de historia finlandesa de la arquitectura, arquitectura finesa vernácula de pueblos y casas que servirá para mostrarnos cómo puede existir realmente esa relación simultánea, entre nuestro trabajo, los alrededores y el paisaje. Nunca debemos concentrar nuestras energías solo en el edificio que estamos diseñando, debemos pensar en todo el entorno completo cuando hacemos esto o aquello.

Esta relación simultánea no significa que la arquitectura hecha por nosotros copie el entorno o trata de insertarse literalmente en el paisaje, sino que es un diálogo, una activa forma de diálogo. Una interacción.

Si observamos imágenes de granjeros y granjas finesas mientras regresan a casa del bosque y de los campos, se observa como crece gradualmente la intensidad del ambiente cuando pasan cerca de sus hogares, la sauna y, finalmente, el patio seguro.

Intento encontrar un significado de la arquitectura que sea realmente fácil de entender cuando se piensa en cómo moverse en cada casa, en cómo vivir en ella.

Uno de los ejemplos modernos más bonitos en relación al diálogo entre el paisaje y la arquitectura es la casa de verano de Alvar Aalto en Muuratsalo, cerca de Liveskola.

La naturaleza y la arquitectura se acompañan, codo con codo, paso a paso, sosteniendo la una a la otra. Tenemos estas abundantes rocas dando al mar, las casas han sido situadas en el lado protegido. La manera normal de colocar el edificio sería en la parte más alta, desde donde se puede tener un control absoluto de todo, pero si se hace esto se puede estropear totalmente el paisaje.

El resultado, en este caso, es algo parecido a que uno más uno es más que dos. Por fin tenemos la posibilidad de las vistas al lago, pero están enmarcadas. Esta es la casa de verano de Alvar Aalto, que también es conocida como una casa experimental en la cual realizó experimentos con diferentes clases de ladrillos.

Mi propio esfuerzo a este respecto lo he realizado en este grupo de casas en diferentes niveles y luego en la casa para el pianista.

Este es un modelo que muestra la organización de los espacios, pero no tenemos el pueblo entero. Este es un boceto de una casa para una soprano finesa, Karita Matila, que es muy reconocida en la gran ópera. Actúa en el Metropolitan, en Viena, en París, etc. Aquí escuchamos y trabajamos su programa, pero la casa nunca se construyó. Pero el paisaje, tan teatral, y todo lo otro son barrios como los hay en todas las granjas finesas, y las principales ideas de diseño fueron las de abrir los usos hacia el paisaje.

Esta es un casa diseñada por mí a principios de los años 60, situada en la calle de la iglesia del pueblo. En lugar de construirla en el centro del terreno y de abrirla en todas las direcciones, la coloqué lo más cercana posible de los bordes de la calle y de los vecinos al norte, para dejar más espacio libre hacia el mejor paisaje y para que se abriera hacia el sol del sur, que es muy importante en Finlandia, por lo que la casa se sitúa muy cerca del lado público, donde se insinúa y se abre. Tiene dos lados, un patio interior íntimo y luego un teatral y monumental mundo exterior.

A la izquierda tenemos una antigua granja finesa. La escala humana y el tamaño humano son muy importantes para nosotros y esto podemos aprenderlo de nuestra tradición local.

Esta es una casa para un hombre que todos los domingos pinta muy bonitos cuadros. Tiene una hija que es también artista y que aquí tiene también su *atelier*. Las habitaciones se agrupan alrededor del protegido patio interior.

A la derecha tenemos una casa diseñada por mí a principios de los años 80 que está a la cabeza y lo más cerca posible del bosque. Las vistas se abren hacia el mar, hacia el archipiélago; de alguna manera, la casa realmente crece desde el interior hacia el exterior, de manera que el uso y el sitio han dictado la forma. El servicio completo es marco de rosales, arbustos y manzanos.

La naturaleza y el interés acerca de todas las especies naturales son nuestros mejores maestros: cómo ha surgido la naturaleza, cómo Dios, o quien sea, creó los paisajes, las grandes y dramáticas sinfonías de la naturaleza, a gran escala, como aquí, o en el microcosmos.

Los arquitectos tratamos de basar nuestras casas y a nosotros mismos en el medio ambiente, y por esto el drama o el paisaje entran en el terreno y entran en nuestros espacios, para que el paisaje y los espacios interiores puedan pertenecerse simultáneamente. Incluso en un plano puede verse la topografía del solar.

Esto es de Erik Grudman, uno de arquitectos más importantes para nosotros. Trabajó desde principios de los años 20 en el clasicismo nórdico y en la arquitectura moderna del racionalismo. Como arquitecto muy relacionado con los maestros suecos, fue un buen amigo de Erik Gunnar Asplund.

He tratado de seguir las mismas ideas en una isla de la costa sudeste, cerca de Helsinki. El drama del archipiélago entra en el conjunto. El edificio está colocado de tal manera que las partes esenciales del solar se conservarán y luego las alas del edificio se sitúan en el borde de estas partes esenciales, de manera que el drama del paisaje realmente entrará en la casa y en sus interiores.

Esta es la embajada de Alemania, donde, en el año 86, ganamos un concurso entre treinta y cinco arquitectos, de los cuales tres éramos fineses y el resto alemanes.

La organización de los espacios crece desde el solar y desde esta solución básica. Tenemos la residencia, tenemos el uso de una habitación en la residencia y al mismo tiempo abierta hacia el paisaje. Probablemente, el interior más importante sea la terraza y el patio entre las dos partes de la embajada. La transición desde el interior hacia la naturaleza sucede gradualmente. A la izquierda tenemos la casa Woffman, aquí las terrazas, los jardines y luego la naturaleza libre.

Y lo mismo pasa en estos edificios de 150 viviendas residenciales para japoneses en un pequeño pueblo; en vez de existir una conexión directa con la naturaleza libre, siempre tenemos terrazas y jardines.

Es un aspecto muy importante es tener nuestro edificio muy arraigado en el suelo.

Esta es una representación para el concurso de la embajada de Alemania. La terraza entre las casas enmarca los servicios como en otras casa de verano, y existe la conexión entre las habitaciones de la residencia, y de la misma manera con el paisaje.

Estas vistas se dirigen hacia la entrada del patio. A la derecha tenemos la residencia. Delante de esta área, la entrada al edificio y por detrás la terraza. A la derecha tenemos el gran salón, y el comedor detrás. La acústica es muy buena, por lo que aquí se ofrecen conciertos de escala pequeña.

Después de haber acabado el edificio, instalamos nuestras oficinas aquí.

Los típicos pueblos fineses no han cambiado mucho. A ambos lados de la calle principal siempre encontramos una casa que tiene patio. Luego existe la calle pública, el lado público con casas, el patio privado, y otro patio para las actividades económicas y de animación, y luego la conexión directa con el campo y con la naturaleza.

A la izquierda tenemos la iglesia gótica.

Estas ideas fundamentales de dividir las áreas exteriores en los pueblos o en las ciudades es también común en España, lo ha sido en Finlandia e incluso en el antiguo Egipto. Primero las áreas públicas, y luego las privadas.

Mi propio proyecto de planeamiento de ciudad es de pequeña escala, y aun así he emplazado edificios de tal manera que fuera posible proyectar las diversas variables y encontrarlo como un parque.

El edificio se ha insertado cercano al camino, a la calle, de manera que cada apartamento tiene la misma porción de disturbio del tráfico, la misma porción de conexión con las mejores direcciones, con las mejores vistas y con el parque.

Esta pequeña área residencial está cerca de Helsinki y no fue construida exactamente según mis planes. Aquí hay otro, basado en los mismos principios. Si se ven los planos, son como pueblos en otros ocho pueblos, en sus suburbios. Y esta es una calle inferior, donde cada apartamento tiene al menos dos y hasta tres direcciones.

De manera que la pequeña escala determinada por la arquitectura vernácula está aquí, cuando vemos las casas horizontalmente. Los servicios están siempre orientados hacia el oeste, lo que es muy valioso en Finlandia, hacia este patio interior protegido con las colinas.

Este es otro límite entre el área del ferrocarril y un antiguo hospital de niños. Aquí vemos el hospital a la izquierda.

Pueblos en el centro de Finlandia; a la izquierda, este antiguo pueblo es muy feo, totalmente destruido; en lugar de tener casas con sus barrios ordenados de una manera urbana, han sido desparramadas en los alrededores del pueblo fuera de escala. Aquí tenemos un par de supermercados y una proeza de asfalto con el parking. La iglesia aparece sola. Esto no sucede muy a menudo. Pero también debemos tener esta memoria de la historia de nuestro país, la armonía entre la manera de hacer del hombre, el ambiente y el paisaje.

Aquí hay un concurso ganado por mí en el año 1971, que responde a la problemática de la iglesia y a las reglas de París, las casas pareadas, algunos edificios comerciales alrededor de la plaza, la librería, una guardería, etc. Yo lo gané porque quise recrear el calor urbano de unas casas elementales, de muy buena escala, en el centro del suburbio de Orl.

Me gustaría mostrarles de qué manera tener organizado de algún modo el medioambiente. Tenemos los espacios públicos en las áreas exteriores y luego los barrios privados con sus reglas abiertas. La plaza está monumentalmente cercana al sitio público, muy íntimo y abierto a la entrada y al barrio. Esta es toda la luz, por eso yo siempre susurro cuando estamos debajo del cielo. Luego no vamos directamente a las habitaciones principales, existen espacios preliminares intermedios: *foyers*, el primer salón con el comedor, para detenerse, y hacer que el efecto sea tan fuerte como en los espacios principales.

Esta es mi primera iglesia del año 1975.

A principio de los años 60 tuve la posibilidad de ser el arquitecto cuando se restauró una iglesia tradicional finesa de madera construida en 1700. Esta iglesia me ha influenciado mucho, lo podrán ver en los interiores de mis edificios.

Aquí, a la derecha, tenemos otra clase de iglesia que hice en Holanda. A fines de los años 50 tuve la posibilidad de visitar Baveria, en Alemania. Los interiores de un barroco tardío estaban llenos de juegos de luz, llenos de reflejos indirectos. De esta manera, entre las iglesias de piedra del gótico tardío finlandés, las iglesias de madera y los interiores del tardío barroco alemán, unido también a los vestíbulos góticos de centro Europa y Santa Sofía en Estambul, están para mí los más importantes ejemplos del uso de la luz.

Este es el siguiente proyecto de iglesia que realicé cerca de Helsinki. Surgió como resultado de un concurso ganado en los años 80. Trabajamos en un solar muy estrecho y de gran complejidad, por lo que decidimos no obedecer el plan de la ciudad. Existían unas vías de ferrocarril altas a la izquierda, la estación aquí, en lugar de tener coches y parking en la parte sur del solar, como indicaba el plan. En el plan el edificio, debía construirse en el centro del solar y dejaría solo un pequeño parque orientado al norte. Por lo que decidimos construirlo lo más cerca posible a las vías del tren y dejar solo el espacio suficiente para el tráfico y los coches entre el edificio y las vías para conservar la mayor cantidad posible del bosque como un parque unificado. Luego fue posible acceder a todas las entradas. Aquí está la iglesia, las habitaciones de encuentro, las habitaciones para los jóvenes y para la gente mayor y también la guardería. Debajo de la iglesia está el tribunal superior. Las habitaciones se apoyan sobre esta pared que crece gradualmente hacia el campanario. El parque es muy íntimo y sensible y conserva la escala de los pueblos. La entrada para mí es siempre muy importante, en este caso se formaliza como una especie de aventura, entramos siguiendo esta pared, luego ésta vira nuestro movimiento hacia la izquierda y otra pared pasa a la izquierda nuevamente. Detrás tenemos un pequeño *lobby* que se abre al parque, desde el cual existen varias posibilidades para acceder a la iglesia.

Luego fue organizado un concurso por invitación para artistas, con unas condiciones muy firmes. El tejido debía ser libre y transparente.

Ahora, debo leer algo.

"Solo arquitectura y música".

"Las milenarias soluciones especiales en las ciudades europeas antiguas se articulan de la misma manera que en la música. Existen clímax, repeticiones, matices y variaciones en valor e intensidad, golpeando en diferentes direcciones, esto es, variación de pequeño a grande, de abierto a cerrado, de agitado a calmo, modulación, transición de un tipo de habilidad a otra, de una atmósfera a otra, como en una sonata de Schubert.

Aún es posible conseguir en el objeto el diseño de una calidad, una armonía y una función social equivalentes a las antiguas sin necesidad de copiar los objetos literalmente."

Esta frase es mía, soy fanático con respecto a ella. No debemos copiar la historia, pero sí debemos seguir sus principios.

Luego la gran escala, también tenemos paisajes urbanos en Finlandia.

Esta es mi ciudad natal, Tampere. El río atraviesa el centro. Estas imágenes fueron tomadas por mí a principio de los años 60, ahora la ciudad ha crecido con edificios de 20 plantas. Cuando construimos edificios demasiado altos, que no se relacionan con la escala, que no crecen gradualmente desde el entorno y desde el tamaño urbano, el entorno entero de alguna manera se vuelve pequeño, en lugar de abrirse a la eternidad, se cierra y se pierde el poder de la ciudad. Errores como este se comenten tanto en Finlandia como en Barcelona.

Luego, en pequeña escala urbana, el microcosmos, aquí en Ordino, Italia.

Este es mi primer trabajo en una ciudad en Kouvola. Es una ciudad pobre con el ferrocarril cruzándola, y yo quería llevar allí la cultura de las ciudades europeas, italianas o mediterráneas. Entonces, aquí hay un ministerio y una especie de *piazza* y el terreno para el edificio de la municipalidad. Estaba obsesionado por crear una secuencia de espacios exteriores, todos distintos entre ellos. Aquí tenemos las *piazza*, luego subimos las escaleras hacia el patio interior de una escala pequeña y con mucha riqueza. El edificio se alza sobre pilares, en ese lado debajo de la *piazza*, rodeado por unos pórticos bajos y enlaces para las oficinas. Luego, un par de escalones arriba, podemos reunirnos con la calle y llegar a la iglesia, de la cual sólo una parte fue diseñada de acuerdo con el plan. De manera que algunos fragmentos fueron realizados de acuerdo con el planeamiento. Estas imágenes son desde la entrada, otra de la *piazza*, dando un paso hacia el barrio y el planeamiento del barrio. Aquí podemos ver las entradas a las habitaciones principales del edificio, tenemos oficinas en los alrededores y luego tenemos vestíbulos tranquilos y vestíbulos de encuentro con luz natural. El Palau de la Música de Barcelona no es la única sala de conciertos que tiene un *hall* con luz natural, el otro es Kouvoula.

La mejor solución es la de abrir vistas hacia los interiores, hacia el interior principal, que está acuartelado.

Aquí, otro proyecto urbano. Un suburbio para trabajadores industriales. Un área de viviendas sociales. Todo el conjunto consiste de casas pareadas de madera de dos plantas al otro lado de la calle principal. Está en buen estado, pero de un lado sólo se conservan pequeños fragmentos del antiguo entorno. Aquí en el solar de la biblioteca y del jardín de infancia. Fueron demolidos e intenté reciclar los materiales y conservar la escala original del entorno. Buscando concentrar los espacios alrededor del patio, del interior del patio. De manera que las casas y las habitaciones se orientan libremente hacia el patio y luego las paredes suficientemente estrechas hacia la calle. Este edificio está construido completamente en madera. Aquí hay imágenes desde el barrio. Se debieron demoler todas las casas existentes por la degradación de sus materiales, y en su lugar apareció un nuevo frente de casas en el camino diseñado por mí.

Aquí tenemos unos interiores barrocos, en su mayoría de bibliotecas. La biblioteca nacional de Viena es el ejemplo más espectacular. Aquí tenemos la biblioteca de Siccely en algún lugar de Sinlope, que no he visitado. La biblioteca de Helsinki.

Luego, esta transición modular de una atmósfera a otra, de una escala a otra, o de una clave de música a otra. Nuestro solar está en un borde de una pequeña e íntima antigua ciudad sueca de madera. Una nueva área comercial, brutal, un nuevo centro. Por lo que mi solución buscaba lograr este cambio de escala. Un edificio de gran escala, pero que al mismo tiempo sea de pequeña escala.

Este es el edificio de oficinas de un periódico en Vasteras. Obtuve uno de los dos primeros premios del concurso, pero no fue este el que se construyó, sino el otro.

La catedral del periódico. El terreno es arqueológicamente muy valioso, por lo que se pedía que apenas lo tocara. De manera que coloqué sólo un par de pilares, que se pueden ver aquí en el plano, unas vigas principales que van de pilar a pilar y luego unas vigas secundarias atravesadas.

Los espacios de trabajo están agrupados alrededor de otro teatro, como aquí. El patio interior se abre al norte, hacia el centro de Vasteras, de manera que el sol pueda ingresar a través de estas ventanas.

Este edificio que es diferente, se acabó de construir el año pasado, y surgió de la pregunta de cómo vivir en Israel, en Palestina, y es parte de un programa internacional. Para traer de vuelta la vieja y perdida infraestructura de la ciudad y restituir las calles principales, para conseguir que los turistas pudieran permanecer en la ciudad. Todos conocemos las situación política de este país. El solar se encuentra en el número 3 de esta calle. Aquí tenemos la Iglesia de la Natividad. Las calles principales corren aquí y aquí, combinando estos dos espacios importantes.

El edificio es un centro cultural, llamado Centro Internacional de Betlehem. La propuesta fue la de crear, mejorar y desarrollar las conexiones culturales entre los palestinos y el resto del mundo.

En un comienzo el edificio era la academia Dar Al-Kalima, que funcionaba en el nivel de la cripta, debajo de la iglesia luterana, todo el patio entre las dos alas; toda el área del patio estaba construida.

El edificio contiene un *hall* para conciertos, danzas populares, un teatro de lectura, un cine, un restaurante, en la planta de arriba, y toda clase de salas de exhibiciones. Esta pequeña

escala de la ciudad puede ser vista por aquí. El edificio ocupa todo el solar, pero tiene terrazas en todos los niveles, por lo que quedan muchos espacios exteriores. Aquí está la sección principal, las entradas principales desde la calle principal. La luz del sol ingresando a través de los pilares mediando con los jardines. Aquí se puede ver la entrada principal independiente. Las escaleras principales por las que se puede subir al restaurante o bajar al *hall*. La otra parte del *hall* esta aquí. El antiguo nivel del patio esta aquí, por lo que decidimos excavar para crear un nuevo nivel básico, que es el mismo de la cripta de la iglesia y del patio. De manera que tuvimos la posibilidad de crear una conexión entre la parte antigua y la nueva del edificio. En este concurso fuimos los únicos en hacer esto. El *hall* conserva los antiguos pinos. Aquí arriba tenemos el nivel del restaurante, viniendo del antiguo patio de la iglesia, desde la cripta hacia la parte nueva, mirando arriba.

Aquí estamos en el nivel de entrada y de los jardines formados por los viejos pinos. Creo que ahora han crecido, por lo que el espacio debe de estar lleno de plantas y de flores. En el *lobby* y en la escalera principal, que es el nexo entre lo nuevo y lo viejo.

Y la última, una inmensa área residencial de hormigón armado, donde debíamos diseñar una iglesia que tuviera conexión con el conjunto. En lugar de construirlo en el frente, como indicaba el plan de la ciudad, decidí llevarlo hacia la pendiente, lo más cerca posible de las viviendas, para crear una especie de relación de pertenencia entre una y las otras, para recrear la relación entre las ciudades mediterráneas y las colinas.

Las entradas, que son varias, se realizan a través de las terrazas. Luego llegamos al *lobby*, que está enterrado y está muy relacionado con el espacio principal. Aquí estamos en el *lobby* mirando hacia la iglesia. A la izquierda estamos en el balcón y a la derecha estamos debajo del balcón mirando la habitación. Las obras de arte fueron realizadas por Marco Pagana, quien pintó en la parte trasera de los pilares de madera de tal manera que la luz pudiera reflejar los colores, y también, arriba, pintó una serie de sistema de colores.

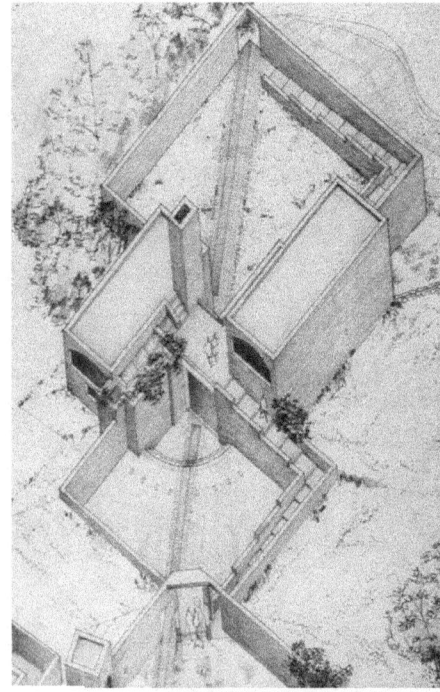

CASA EN TABIO

Tabio, Colombia
1977

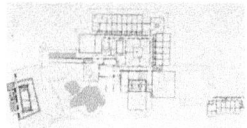

CASA DE HUESPEDES ILUSTRES

Cartagena, Colombia
1981

R O G E L I O   S A L M O N A - A R Q U I T E C T O

MUSEO QUIMBAYA

CIUDAD, Colombia
1986

ROGELIO SALMONA - ARQUITECTO

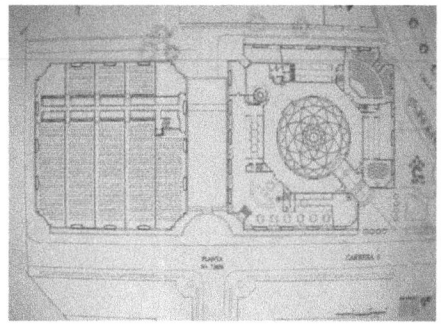

ARCHIVO GENERAL DE LA NACIÓN

Bogotá, Colombia
2001

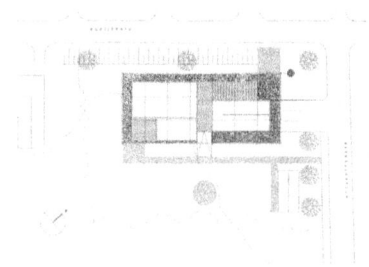

JUMINKEKO
CENTER OF CARELIAN CULTURE

Kuhmo, Finland
1999

Total floor area: 573 m²
Client: Ministry of education

HEIKKINEN - KOMONEN ARCHITECTS

McDONALD'S OFFICE BUILDING

Helsinki, Finland
1997

Total floor area: 6025 m²
Client: McDonald's Ltd

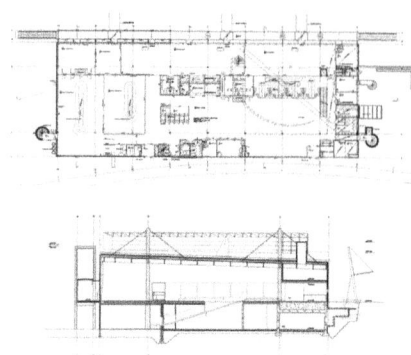

ROVANIEMI AIRPORT TERMINAL AND EXTENSION

Rovaniemi, Finland
1992, 2000

Total floor area: 6753 m^2
Client: Finnish Civil Aviation Administration

HEIKKINEN - KOMONEN ARCHITECTS

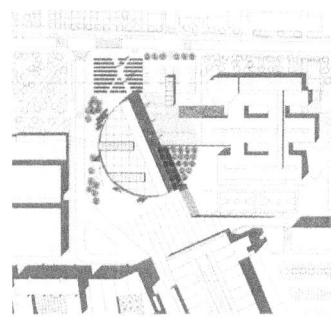

VUOTALO CULTURAL CENTER

Helsinki, Finland
2000

Total floor area: 6095 m²
Client: City of Helsinki

ST THOMAS'S CHURCH

OULU, FINLANDIA
1975

JUHA LEIVISKÄ - ARQUITECT

KOUVALA TOWN HALL

KOUVOLA, FINLANDIA
1964

JUHA   LEIVISKÄ - ARQUITECT

BETHLEHEM'S AD-DAR CULTURAL AND CONFERENCE CENTER

BETHLEHEM
1995

JUHA LEIVISKÄ - ARQUITECT

GERMAN EMBASSY

HELSINKY, FINLANDIA
1986-1993

General Call for Papers

Petición General de Artículos

Vivimos en un mundo donde la arquitectura y la planificación son una de las actividades humanas más vigorosas. Miles y miles de kilómetros cuadrados de territorio están proyectados y construidos cada día, gracias a la poderosa tecnología aplicada a los tres pilares clásicos de la arquitectura: el proyecto, la construcción y el habitar.

Sin embargo, la investigación sobre la arquitectura aún se encuentra escasamente desarrollada y la sistematización del conocimiento relacionada con las actividades del proyecto arquitectónico es débil o no existe.

ARQUITECTONICS, MENTE, TERRITORIO Y SOCIEDAD intentará cubrir este hueco, y estimular a los expertos y a los estudiantes de doctorado que están trabajando en este campo. Las relaciones epistemológicas entre proyecto, construcción y habitar han de ser analizadas por ARQUITECTONICS, y las relaciones entre ciencias sociales, ciencias naturales y ciencias exactas, gracias al conocimiento arquitectónico deben, también, ser estudiadas.

Tanto la dimensión estética como la ética y los aspectos científicos de este conocimiento serán bienvenidos, y la

We live in a world where architecture and planning are one of the most vigorous human activities. Thousands and thousands of square miles of territory are designed and built each day, thanks to the powerful technology applied to the three classical pillars of architecture: design, construction and dwelling.

However, research on architecture is still poorly developed and the systematization of knowledge related to architectural design activities is weak or inexistent.

ARQUITECTONICS, MIND, LAND & SOCIETY, will aim to fill this gap, and to stimulate experts and doctorate students working in the field. Epistemological relationships between design, building and dwelling should be analyzed by ARQUITECTONICS, and the link between social sciences, natural sciences and exact sciences analyzed by architectural knowledge, should be uncovered too.

Both aesthetic and ethic, as well as scientific aspects of that knowledge are welcomed, and the Review will encourage interdisciplinary and transdisciplinary perspectives that prove to be architecturally pertinent.

The aim of this Review is ambitious, but the opportunity for increasing research on architecture is today real, since

revista alentará perspectivas interdisciplinarias y transdisciplinarias que resulten arquitectónicamente pertinentes. La revista interrogará, así mismo, en qué sentido la arquitectura es una intermediaria entre el hombre, la sociedad y sus territorios.

El objetivo de esta revista es ambicioso, pero la oportunidad para incrementar la investigación sobre arquitectura es hoy real, la población mundial lo está esperando y no la deberíamos decepcionar.

Vuestras aportaciones deberán considerar las siguientes problemáticas:

- *¿Cómo impactan en la vida individual y colectiva las transformaciones de nuestras ciudades y nuestros territorios?*
- *¿Cómo y cuándo nuestras instituciones educativas influyen en la capacidad de los niños y niñas para imaginar, usar y conocer los mejores medio ambientes para construir en un próximo futuro?*
- *¿Cuáles son los mejores caminos y mejores métodos para analizar y comprender las relaciones entre el desarrollo mental, vida social y arquitectura?*
- *¿Cómo podemos predecir a través de los proyectos de arquitectura un buen y confortable uso del espacio social?*
- *¿Cuáles son las mejores teorías y los mejores paradigmas que existen hoy en día, en el campo de la investigación en arquitectura?*
- *¿Qué ejemplos de proyectos y de construcciones de hoy se merecen un esfuerzo de investigación y reflexión a su través, y por qué?*
- *¿Cuáles son los mejores paradigmas científicos para comprender las relaciones entre objetos y sujetos, pasado y futuro como dimensión cultural en la arquitectura?*

a worldwide audience is waiting, and we should not deceive it.

Papers and contributions can consider the following questions:

- Which is the environmental impact, social, physical and mental, of new built environments?
- Which are the best ways for the analysis and understanding of the relations between mental development, social life and architecture?
- How can our design forecast good practices and predict comfort and non-aggressive and non-oppressive social interactions?
- Which are the research strategies, paradigms, methods and theories today that are better acquitted and are more promising in the field of the architectural activities in design, building and dwelling?
- Which are the best examples of architectural design that grant to invest a research effort that is a fully and intense exercise of reflection?
- Which are the best scientific ways for the understanding of the relationships between objects and subjects, past and future dimensions of culture, from an architectural viewpoint?
- How and when do our educational institutions educate our children in order to know, to participate and to design better environments?

The answers to these questions can come from diverse disciplines in the field of built environment.

Call for papers

We invite you and your PhD students, or research partners, to publish in this review throughout a competitive process of selection for excellence. The first step is to send an abstract of three pages by email to the following address: newsletter.pa@upc.edu or by fax +0034 934016393 (please, indicate "ARQUITECTONICS, MIND, LAND & SOCIETY").

Las respuestas a estas preguntas pueden venir de diferentes disciplinas dentro del campo de la arquitectura y del entorno construido.

Petición de artículos

Por lo tanto, les invitamos a Uds., a sus estudiantes y a sus colaboradores en la investigación, a publicar en esta revista a través de un proceso de selección en busca del máximo de calidad. El primer paso es enviar un resumen de tres páginas de la contribución que desea hacerse por e-mail a la siguiente dirección: newsletter.pa@upc.edu o por fax +0034 934016393, indicando "ARQUITECTONICS, MENTE, TERRITORIO Y SOCIEDAD".

Este resumen puede enviarse en español, en inglés o en francés. Contestaremos si ha sido aceptado y luego deberá enviarse el artículo completo, de hasta 12 páginas, escrito en dos idiomas.

Recordamos que la revista quiere alcanzar un alto grado de excelencia y que, por lo tanto, los textos aceptados deberán corregirse y perfeccionarse cuanto sea necesario.

Petición específica de artículos: Urbanismo alternativo

El interés de la presente convocatoria está orientado a editar un número de la Revista ARQUITECTONICS especialmente dedicada a indagar en las producciones científicas consideradas más innovadoras dentro del particular ambiente de ebullición epistemológica en el que se encuentran algunas perspectivas teóricas en urbanismo, interesadas en desarrollar nuevas estrategias de conocimiento y actuación sobre el fenómeno urbano contemporáneo.

Se hace particular referencia a aquellas perspectivas interesadas en comprender

The abstract can be written in English, French or Spanish. We will answer if it is taken into consideration and you should then send the full text, about 12 pages in two languages.

Remember that ARQUITECTONICS, MIND, LAND & SOCIETY will consider a high quality in the text by blind reviewers and by the direct supervision of the editorial board.

Proposals for publication should attain then high standards of excellence, and should represent a significant contribution in the field of architectural research on worldwide.

**Thematic spaecific call for papers
New alternative ways on urban planning**

This issue of Arquitectonics will focus on the scientific productions considered to be the most innovative within the particular field of epistemological turmoil, where we find some theoretical perspectives in urban planning that develop new strategies of knowledge, and performance on the urban phenomenon today.

We refer to the approaches focusing on the understanding of the urban environment as a complex and multidimensional sociophysical reality from a critical aim of developing an environmental vision sensitive to social sciences, of incorporating strategies of communicative planning, of strategical vision, and of building up knowledge by incorporating the perceptions, values and interests of the social actors.

We will put our attention to the innovative theoretical contributions within this disciplinary scene that is under full construction, and where we find the generically called "new alternative ways on urban planning". This approach is characterized by its transdisciplinarity, metareadings, dialogy between different fields of knowledge, assump-

el ambiente urbano como un hecho sociofísico complejo y multidimensional desde el intento crítico de desarrollar una visión ambiental sensible a las ciencias sociales, de incorporar estrategias de planificación comunicativa, de visión estratégica y de construir conocimiento a partir de la incorporación de las propias percepciones, valoraciones y juegos de intereses de los actores sociales.

De este modo, se pretende detectar aportes teóricos innovadores dentro de un panorama disciplinar en plena construcción dentro del aquí genéricamente denominado "urbanismo alternativo", cuyo rasgo característico es la transdisciplinariedad, las metalecturas, la dialogía entre campos diversos del conocimiento, la asunción del hecho urbano como ambiente del hombre cargado de identidad configurativa y simbólica, como resultado de una alteridad histórica entre ambiente natural y cultural, en el que cada fragmento del territorio actúa como una unidad sociofísica inescindible cargada de sentido cultural y proyectual.

Interesa detectar respuestas con la característica común de proponer articulaciones intertextuales, metaculturas, dialogía, a partir de recursos teóricos y técnicos provenientes de los más diversos campos del conocimiento tales como: sociología, antropología, economía, psicología ambiental, semiótica, arquitectura, ecología urbana y humana, historia, ciencia política, geografía, agronomía, hidrología, entre otras..., a los cuales se los solicita como perspectivas complementarias en el intento de desarrollar una visión interpretativa y proyectual compleja del ambiente urbano.

El comité editorial de ARQUITECTONICS considera esta una problemática relevante dentro de un renovado ambiente epistemológico que se percibe

tion of urban reality as man-environment full of configurative and symbolic identity, as a result of a historical otherness between natural and cultural environments, where each fragment of the territory acts as a necessary sociophysical unity full of cultural and architectural meaning.

We will focus on the papers that suggest intertextual articulations, metacultures, dialogy, pointing to theoretical and technical resources with roots in different fields of knowledge as: sociology, anthropology, economics, environmental psychology, semiotics, architecture, urban and human ecology, history, political science, geography, agronomy, hidrology, among others..., using these as complementary perspectives in the aim to develop a complex interpretative and architectural vision of the urban environment.

The editorial committee of Arquitectonics finds these questions relevant within a renewed epistemological environment under full construction that is perceived in urban planning, and that should be strengthened by scientific dissemination and linking among researchers on this field. This is the aim of this Call for Papers addressed to those who aim to generate knowledge by presenting papers on hypothetical or applied developments of cognoscitive and technical strategies suitable for "new alternative ways on urban planning" as described above.

en el urbanismo en plena construcción, al que resulta alentador robustecer, posibilitando la difusión y vinculación científica entre los que trabajan por ello. Este es el espíritu de la presente convocatoria para quienes con clara intención de generación de conocimiento quieran presentar artículos referidos a desarrollos hipotéticos o aplicados de estrategias cognoscitivas y técnicas propias de un "urbanismo alternativo", tal como se ha caracterizado anteriormente.

Editor

Josep Muntañola. *Barcelona*

Associate Editors

Magda Saura. *Barcelona*
Alfred Linares. *Barcelona*

Assistent Co-Editors

Beatriz Ramírez. *Universidad de los Andes. Mérida. Venezuela*
Marcelo Zárate. *Universidad Nacional del Litoral. Santa Fe. Argentina*
Ruth Marcela, Samuel Jaimes Botía . *Universidad Santo Tomás, Bucaramanga. Colombia*
Nadya Nenadich. *Universidad Politécnica de Puerto Rico. Puerto Rico*

Editorial Board

Board of Advisory Editors (Scientific Committee):
(alphabetical order)

Botta, Mario; *Architect, Switzerland*
Boudon, Pierre; *Architect, Canada*
Bilbeny, Norbert; *Philosopher, Spain*
Carbonell, Eudald; *Archaeology, Spain*
Fernández Alba, Antonio; *Architect, Spain*

Ferrater, Carlos; *Architect, Spain*
Gómez Pin, Víctor; *Philosopher, Spain*
Heikkinen, Mikko; *Architect, Finland*
Kalogirou, Nikolaos; *Architect, Greece*
Langer, Jonas; *Psychologist, USA*
Levy, Albert; *Architect, France*
Lagopoulos, Alexandros; *Urban Planner, Greece*
Mack, Mark; *Architect, United States*
Messori, Rita; *Philosopher, Italy*
Moore, Gary T; *Architect, Australia*
Mul, Jos de; *Philosopher, The Netherlands*
Pallasmaa, Juhani; *Architect, Finland*
Ponzio, Augusto; *Philosopher, Italy*
Preziosi, Donald; *Anthropologist and Linguist, USA/UK*
Provensal, Danielle; *Anthropologist, Spain*
Rapoport, Amos; *Architect, USA*
Rewers, Eva; *Philosopher, Poland*
Romañà, Teresa; *Pedagogue, Spain*
Salmona, Rogelio; *Architect, Colombia* †
Sanoff, Henry; *Architect, USA*
Scandurra, Enzo; *Urban Planner, Italy*
Solaguren, Félix; *Architect, Spain*
Tagliabue & Miralles; *Architects, Spain*
Valsiner, Jaan; *Psychologist, USA*
Werner, Frank; *Historian, Germany*

Institutions that support the review:

Universitat Politècnica de Catalunya. Dep. Projectes Arquitectònics. Grup de Recerca GIRAS. *Barcelona, Spain*
Universidad de los Andes. *Mérida, Venezuela*
Universidad Nacional del Litoral. *Santa Fe. Argentina*
Universidad de Santo Tomás. *Bucaramanga. Colombia.*
Universidad Politécnica de Puerto Rico. *Puerto Rico*
Corporación HEKA. *Ecuador.*
Colegio Nacional de Arquitectos del Ecuador. *Quito. Ecuador*

ARQUITECTONICS is included in the following catalogues:

Avery Library Columbia University Catalogue. USA

School of architecture Paris-la-Villette Library Catalogue. France
Library of Congress Catalogue. USA. *http://catalog.loc.gov*
Zurich Polytechnic School of architecture Library Catalogue. Switzerland
Escola Tècnica Superior d'Arquitectura de Barcelona Library Catalogue. *http://bibliotecnica.upc.es/*
Trondheim School of architecture Library Catalogue. Norway

The ARQUITECTONICS Series is in the web www.edicionsupc.es

The Arquitectonics Series can be ordered through the webs:
www.agapea.com - www.parisvalencia,com - http://buecher.a.get-me-books.de

Guidelines for the presentation of full paper

Normas para la presentación de artículos

Estructura del artículo

El artículo debe tener un máximo de 12 páginas

Cada artículo debe contener:
- *el título del artículo*
- *el nombre del autor o autores con su dirección electrónica*
- *el resumen*
- *las palabras clave (sin su explicación)*
- *el texto del artículo con figuras*
- *las notas al final del texto*
- *la bibliografía*

La bibliografía se presentará en la lengua original, el resto en las dos lenguas del artículo.

Las divisiones

Los artículos se dividirán en capítulos sin numeración.

Referencias y citas

Las referencias deben citarse en el texto, señalando entre paréntesis autor y el año de la publicación. En caso de dos autores, ambos han de citarse. Cuando hay más autores, ha de citarse al primero seguido de et al.

Structure of the paper

Size of the paper: 10-15 pages

The paper must contain:
- title of paper
- name of author or authors and their email address
- abstract
- keywords
- full paper text with figures
- notes at the end of the text
- bibliography

The bibliography should be presented in the original language and the rest in the two languages of the paper.

Divisions

The text should be divided into chapters without numbering.

Citations and references

References must be cited in the text as follows:.
- One author: (RAPOPORT 1990)
- Two authors: (KANDEL AND SQUIRE 2001)

- *Un autor: (Rapoport 1990)*
- *Dos autores: (Kandel y Squire 2001)*
- *Tres o más autores: (Henshilwood et al. 2004)*
- *Dos o más referencias del mismo autor y año: (Rapoport 1997a, 2000b, 2003c)*
- *Dos o más referencias juntas (Bechtel 1986; Altmann 2002; Damasio 2001)*

Figuras

Aparte del texto solo existirán Figuras. Con la denominación de figuras se incluyen los gráficos, mapas, fotografías, dibujos, cuadros de texto y similares. El año de la publicación se pondrá entre corchetes.

Bibliografía

Deberá aparecer completa correspondiente con las referencias y citas del texto.

Ejemplos

Libros: Rapoport, A. *(1990)* History and Precedent in Environmental Design, New York: Plenum.

Artículos: Kandel, E.R. y L.R. Squire *(2001)* "Neuroscience: Breaking down Scientific Barriers to the Study of Brain and Mind", en A.R. Damasio et al. *(Eds.)* Unity of Knowledge, New York: NY Academy of Sciences, pags. 118 - 135.

Henshilwood, C. et al. *(2004)* "Middle Stone Age Shell Beads from South Africa", Science *Vol. 304 N° 5669 (16 abril) pág. 404.*

- Three or more authors: (Henshilwood et al. 2004)
- Two or more references of the same author and year: (Rapoport 1997a, 2000b, 2003c)
- Two or more references together (Bechtel 1986; Altmann 2002; Damasio 2001)

Figures

Apart from the text the paper should only contain Figures. Figures include graphics, maps, photos, drawings, text boxes, etc. The year of publication should be put in square brackets.

Bibliography

It should be presented according to the references and citations of the text.

Examples

Books: Rapoport, A. (1990) *History and Precedent in Environmental Design*, New York: Plenum.

Articles: Kandel, E.R. and L.R. Squire (2001) "Neuroscience: Breaking down Scientific Barriers to the Study of Brain and Mind", in A.R. Damasio et al. (Eds.) *Unity of Knowledge*, New York: NY Academy of Sciences, pp. 118 - 135.

Henshilwood, C. et al. (2004) "Middle Stone Age Shell Beads from South Africa", *Science* Vol. 304 No. 5669 (16 April) p. 404.

www.ingramcontent.com/pod-product-compliance
Lightning Source LLC
Chambersburg PA
CBHW081355230426

43667CB00017B/2838